나는 외과 의사다

2003 〈올해의 논픽션상〉 수상작
생활과 자연 부문
강구정

나는 외과 의사다

머리말

 대학 시절에 "비전문가적 처신을 할 때 시작(詩作)은 생의 구원이 된다."라는 원로 시인 김춘수 님의 빛나는 문구를 발견하고 의사로서 글을 쓴다는 것이 소중하고 의미 있는 일이라 생각했다. 인턴 시절부터 기억해 둘 만한 일이 있을 때 메모하는 습관이 생겼고 이번에 그 기록들을 정리해 보았다. 개인적인 기록을 남에게 내어 보인다는 것이 망설여져 가상의 공간과 인물을 설정하여 하나의 소설 형식으로 쓴다면 심적 부담을 줄일 수 있다고 생각했지만 그럴 만한 시간과 능력의 한계를 깨닫게 되었다.
 독일의 의사이자 시인인 한스 카로사의 "글을 쓴다는 행위는 무엇인가. 자신의 궤도를 보여 줌으로써 타인의 궤도에 빛을 던지는 일이다."라는 구절에 용기를 얻어 외과 의사로서 의료 현장에서의 경험과 생각을 가공하지 않은 글로 쓰는 것도 의미 있는 일이라 생각하였다. 한편 타인의 궤도에 빛이 아니라 상처를 남길 수 있다는 두려움도 없지 않았다.

다가오는 일들을 감당해 내기도 어려운 환경에서 개인적 체험과 생각을 책으로 펴내게 된 것은 환자들을 돌보면서 연구하고 교육하는 외과 의사의 자기 성찰을 통하여 진정성(眞正性)을 유지하려는 하나의 몸부림인지 모른다. 국내외에서 겪은 외과 의사로서의 희로애락을 있는 그대로 내보인 것은 독자에게 솔직하고 다음 의사 세대에게 도움이 되기를 바라는 마음에서였다. 아울러 인간의 존엄성을 무시하고 의료를 왜곡시키는 현행 의료보험 제도가 합리적으로 개선되기를 바라는 마음이 간절하다.

소의치병(小醫治病), 중의치인(中醫治人), 대의치국(大醫治國)이라고 했다. 돌아보면 소의의 수준에도 이르지 못한 것을 절감한다. 부자든 가난한 사람이든, 힘 있는 사람이든 약한 사람이든, 부탁하는 사람이 있든 없든 나름대로 진료에 최선을 다하려고 했지만 환자나 가족의 입장에서는 늘 아쉬움이 남았으리라 생각된다. 특히 수술 후 병이 악화되거나 회복되지 못한 환자들과 그 가족들의 모습이 이 순간에도 눈앞에 아른거린다. 깊은 이해를 구하고 싶다.

수술실에서 오랜 시간 동안 끼니를 걸러 가며, 수술을 돕고,

며칠씩 밤을 지새우며 수술 전후의 중환자 치료에 열과 성을 다한 수련의들에게 고마움을 전하고 싶다. 지금까지 이끌어 주고 지도해 주신 외과의 선배님들과 은사님들께 머리 숙여 감사드린다.

깨어 있는 시간의 대부분을 병원에서 보내야 했다. 바쁘다는 핑계로 남편으로서, 아버지로서, 가족으로서, 제자로서, 스승으로서, 친구로서, 선후배로서 그리고 교회의 성도로서 해야 할 도리를 다하지 못함을 마음속의 짐으로 안고 지금까지 살아 왔다. 이 기회를 빌려 미안한 마음을 전하며 용서를 구한다. 고모님을 비롯해, 가족 이상으로 한 외과 의사의 마음과 손을 위하여 격려와 기도를 아끼지 않은 분들께 감사드린다. 그동안 세 아이들을 바르게 양육하면서 내조를 아끼지 않은 아내와 바르게 자라고 있는 인모, 혜인, 선모에게 고마움을 전한다.

민음사에서 주관하는 올해의 논픽션상 공고를 보고 미완성의 원고나마 투고하였다. 잘 정리되지 않은 생각에다 문장의 서투름에도 불구하고 우수작으로 선정해 주신 심사 위원들께 감사드린다. 글의 모본을 가르쳐 주신 구림 이근식 선생님과, 좋은 책이 되도록 끝까지 애써 준 사이언스북스 편집부에도 감사드린다.

2003년 여름
동산동 연구실에서
강구정(姜求正)

차례

머리말　5
프롤로그 — 흰 가운을 처음 입고서　11

메스를 든 블루칼라

인턴 3신　24
나는 왜 외과 의사인가?　28
멀쩡한 의사를 수술하는 언론　35
운명　40
신장을 이식하다　46
당직 의사의 딜레마　50
향로봉의 눈꽃　60
의학 전문 기자　74
자연에서 배운 수술법　76
수술과 등산　82
의사는 강자, 환자는 약자?　91
의미 있는 삶　98
일본 의사, 한국 의사　103
리히텐슈타인을 찾아서　111

신세계 탐방

듀크에 안착하다　119
클라비엔 교수　124
한국인 환자의 두 얼굴　130

도서관, 지식의 창고　139
장기 이식팀의 바쁜 나날들　143
장기 이식은 사랑 이식　147
타향살이　153
실험실에서 마당 쓸기　160
맹물이 가장 좋은 항암제?　166
폭설 속의 휴식　170
쥐를 사이에 둔 신경전　174
자존심 대 자존심　184
생각의 변화　191
가족 여행　197
대가를 만나다　205
과학의 날　216
미국의 한국인　224

의사의 길

의료 파업의 한편에서는　232
교수인가, 의사인가?　242
외과 의사의 학회 나들이　245
수술실은 나의 안식처　250
기호난하(騎虎難下)　253
중환자는 누가 치료하나?　257

에필로그 ─무의촌의 의사　261

■ 본문에 등장하는 인물 중 일부는 프라이버시 보호를 위해 가명 또는 영문 이름의 머리글자를 사용했으며, 문장 기술의 객관성을 유지하기 위해 존칭은 가급적 평칭으로 바꾸었음을 알려드립니다.

프롤로그

- 흰 가운을 처음 입고서

내일부터는 흰 가운을 입고 주사기로 혈액을 채취하며 병실을 누비리라는 기대감과 선배들로부터 들어온 고달픈 인턴 생활에 대한 걱정으로 마음이 심란했다. 그래서 낮에 대중탕에서 목욕을 하고 돌아와 내일의 이른 출근을 위해 11시경에 잠자리에 들려는데 전화벨이 울렸다.

"여기, 동산병원 응급실인데요. 강구정 씨 댁이죠?"

"네, 그런데요."

"내일부터 성형외과 인턴으로 근무할 예정이시죠?"

"네, 그렇습니다."

"성형외과 당직 선생님이 좀 나오시라고 합니다."

"무슨 일이죠?"

"수술해야 할 환자가 있다고 합니다."

"네, 알겠습니다."

행여 내게 무슨 잘못이라도 있는 것은 아닌지, 약간은 두려운 마음을 떨칠 수가 없었다. 청하던 잠을 방해받았다는 불평보다는 이제 본격적으로 의사 생활이 시작되는구나라는 생각에 호기심과 더불어 다소 긴장감도 들었다. 나는 아직 찬 기운이 가시지 않은 초봄의 밤공기를 가르며 병원으로 향했다.

인턴 숙소의 캐비닛에서 미리 챙겨 놓은 흰 가운을 꺼내 걸치고 응급실로 갔다. 그리 붐비지는 않았으나 삼일절을 앞둔 2월의 마지막 날이어서인지 술을 마시고 말다툼하다가 깨진 소주병에 얼굴을 다친 젊은 청년과, 교통사고로 얼굴을 다쳐 울고 있는 세 살배기 어린애가 있었다. 그 외 예닐곱 명의 환자가 처치를 기다리며 간이침상 위에 누워 있었다. 내게 전화를 한 것으로 보이는 간호사가 손짓하며 소(小)수술실로 안내했다. 당직 선생은 성형외과 의사로는 투박한 모습이었는데 말씨도 외모처럼 투박했다.

"강 선생이라고 했던가?"

"네, 그렇습니다."

군복이 몸에 배지 않아 성겨 보이는 신참이 고참에게 불려가 차렷 자세로 선 것처럼 긴장된 자세로 대답했다. 그는 봉합 수술을 준비하고 있었다. 간호사가 그칠 줄 모르고 울어 대는 세 살배기 아이의 머리를 단단히 붙잡고 아이의 아빠는 몸과 다리를 온몸으로 감싸 안은 상태에서 봉합 수술이 시작됐다.

아이는 계속 울어 댔으나 당직 선생은 더 이상의 말도 없이 무신경하게 갈색 소독액으로 상처 부위를 안쪽에서 바깥쪽으로 소독하기 시작했다. 포타딘 소독액이 상처를 자극하자 아이는 더욱 큰 소리로 울었다. 이어서 상처 부위에 마취제를 주사하자 아이는 자지러지듯 비명을 질렀다. 당직 선생은 그 투박한 외모대로 아이의 얼굴을 손으로 툭 치면서, "울지 마! 울면 더 아프게 할 거야!"라고 말했다. 아이의 아빠는 긴장하면서 혹시나 수술하는 의사가 무슨 말을 할까 걱정하는 모습으로 아이를 더 힘껏 감싸 안았다.

나는 간호사의 도움으로 수술용 고무장갑을 끼고, 봉합하는 당직 선생 옆에 앉았다. 그는 머리카락보다 가는 실(봉합사)을 펜 바늘(봉합침)로 첫 땀을 떠 매듭을 짓고는 가위를 든 오른손을 왼손으로 받친 자세, 즉 윗사람에게 술잔을 건넬 때의 자세로 실을 자르는 시범을 보이며, "5밀리미터 정도 남도록 자르면 돼." 하고는 가위를 내게 넘겼다. 나는 가위를 들고 한 땀씩 뜨며 매듭을 지을 때마다 아이의 아빠보다 더 긴장하며 조심조심 실을 잘랐다.

아이는 울다가 지쳐서인지 아니면 마취제 때문에 아픔을 못 느껴서인지 울음을 그쳤다. 조금은 뜨거운 듯한 수술용 조명 아래에서 당직 선생도, 아이의 아빠도, 그 옆에서 보조하는 나와 간호사도 얼굴에 땀이 줄줄 흘러내렸다.

이윽고 꿰맨 부위에 거즈를 대고 반창고를 붙인 후 수술을 마쳤다. 필요한 항생제와 약 처방을 냄으로써 아이의 모든 처치가 끝났다. 당직 선생은 처방전을 받아 드는 아이의 아빠에게, "내일 성형외과 외래는 쉬니까, 모레 나와서 치료받도록 하세요."라는 한마디를 던진 후 얼굴이 깊고 험하게 찢어진 청년에게 다가갔다.

"보호자는 어디 있죠?"

아직 술기운이 가시지 않은 청년은, "보호자는 왜요? 보호자, 없어요. 나한테 얘기하소!" 하며 고래고래 소리를 질렀다. 당직 선생은 더 이상 말을 붙이지 않고 안쪽의 조그만 당직실로 나를 부르더니 담배 한 개비를 건넸다.

"죄송합니다. 저는 담배를 배우지 못했습니다."

나는 그때까지도 긴장을 풀지 못하고 있었다. 조금 전 아이를 처치할 때의 퉁명스런 말투가 더욱 긴장을 풀지 못하게 했다.

"저 녀석은 술이나 깨거든 아침에 꿰매도록 하지. 내일 아침 7시에 K 병동으로 나와. 복장을 잘 갖추고."

"예, 알겠습니다."

군대에서 이병이 병장에게 하는 대답 같았다.

"그럼, 가 봐."

새벽 1시가 넘어서야 인턴 숙소로 돌아와 잠을 청했다.

■

3월 1일은 공휴일인데도 성형외과는 모든 수련의가 아침 일찍부터 병동에 나와 회진 준비를 하느라 법석을 피웠다. 병원에서 가장 까다롭고 깐깐하기로 소문난 성형외과 과장은 듣던 것보다는 아주 부드러웠다. 특히 처음 대하는 인턴에게 예의까지 갖추었다.

누구든 섬세한 성격의 성형외과 과장에게 밉보이지 않기 위하여 노력하는 것은 당연했다. 과장은 간호사가 환자 처치 지시서를 쓰는 데 있어 글씨가 끝줄을 넘어 가면 그 면 전체를 볼펜으로 쭉 긋고 다시 쓰라고 했기 때문에 모든 처치 지시서가 매우 세심하게 씌어진 것을 알 수 있었다.

회진 후 화상 환자 처치를 돕는 것은 인턴의 주된 임무 중의 하나였다. 당직 선생들은 몇 번의 시범을 보인 후에 간단한 드레싱(상처 처치)은 인턴에게 맡길 법도 한데 다음날 과장으로부터 지적받을까 싶어서 맡기지 않았다. 환자의 화상 부위를 소독하고 붕대로 감는 것도 보기 흉하거나 깔끔하지 않으면 지적을 받기 때문에 마지막 반창고를 붙이는 데 있어서도 가위로 반듯하게 같은 길이로 잘라서 가지런히 붙여야 했다.

오늘은 회진 후 각자의 환자 처치가 끝나자 당직인 K 선생을 제외하고는 모두 퇴근했다. 어제의 당직인 A 선생은 술에 취해 얼굴이 찢어진 환자만 처치하면 집에 갈 모양이었다. K 선생은 간호사들에게 농담도 잘하고 넉살이 좋기로 유명했다. 자기가 해야 할 웬만한 일들을 말로 구슬려 간호사들에게 넘기곤 하였다.

흰 가운을 입은 첫 날, 어느 병동에 가도 낯설고 가운이 몸에 익지 않아서 촌스럽게 보이는 것은 어쩔 수 없었다. 그래도 처음 보는 인턴에게 간호사들은 비교적 따뜻하게 대하며 하나씩 가르쳐 주었다. 그런데 사실은 인턴과 간호사는 역할 구분이 명확하지 않은 일들은 서로에게 떠넘기다가 인턴 말년에 간호사들이 떠맡게 되는 것이 보통이었다. 주치의인 레지던트가 처방을 내리면 그것을 처방전에 옮겨 적는 귀찮은 일은 대개 인턴이나 간호사가 했다. 아무것도 모르는 인턴에게 간호사는 자세히 가르쳐 주었다. 그런데 실제로는 인턴이지만 레지던트 1년차로 일해 온 K 선생의 처방전 쓰는 일은 모두 간호사들이 했다. 순진한 인턴인 나는 시키는 대로 열심히 할 뿐이었다.

■

병동에는 화상 환자가 주를 이뤘다. 어린이 화상 환자가 유난히 많은데 이들의 상처는 붕대로 감기지 않고 번들번들한 막으로 덮인 채 굳어 있었다. 이것은 산모의 태반에 있는 양막을 화상 입은 지 오래되지 않은 아이의 환부에 붙여 그대로 말림으로

써 더 이상의 소독도 처치도 필요 없게 하는 기가 막힌 치료법이었다. 양막 처치를 하면 희한하게도 화상이 다 낫고 퇴원할 때까지 손이 별로 가지 않았다. 그래서 당직 의사는 화상 입은 아이가 올 것에 대비하여 틈나는 대로 산실에 들러 갓 적출된 산모의 태반을 얻었다. 그러고는 그것을 신선하게 냉장고에 보관해 두었다가 인턴과 함께 양막을 벗겨 몇 차례의 소독 과정을 거친 후 샬레에 밀봉하여 다시 냉장고에 넣어두곤 하였다.

오후에 별반 일이 없는 틈을 이용하여 K 선생은 냉장고에 보관해 둔 태반으로 화상 처치용 양막을 마련하기로 했다. K 선생은 항상 나를 불러서 같이 다녔다. 우리는 분만실 냉장고에서 신선한 태반 2개를 꺼내 1층 병동의 구석진 간호사실로 가서 작업을 시작했다.

달걀 속껍질보다 얇은 양막을 조심스레 벗겨서 달라붙은 너저분한 조직들은 생리 식염수에 적신 거즈로 부드럽게 문질러 벗겨냈다. 그러고는 하이포클로라이드 용액으로 소독한 후 과산화수소 용액으로 표백하고 헹군 다음, 샬레에 담아 밀봉하여 냉장고에 보관했다. 양막 박리부터 소독까지의 과정은 2시간 정도 걸렸다. 지루하고 재미없는 일이었다. 그런데 이렇게 해 두면 화상 처치 때 시간을 절약할 수 있다는 사실을 나중에 알게 되었다.

일반적인 화상 처치법에서는 소독액으로 소독한 후 실바딘이라는 연고를 두껍게 발라 드레싱하면 어린애들의 경우 치료할 때마다 아파서 소리를 지르고 시간도 많이 걸렸다. 하지만 뜨거운 물에 데어 응급실에 실려 온 어린애들의 경우에는 소독하고 나서, 미리 준비해 둔 양막만 붙인 채 하루 정도 말리면 그 다음에는 다 나을 때까지 따로 치료할 것도 없었다. 그러면 아이는 매일매일 치료받지 않아도 되니까 좋았고, 치료비도 적게 들었다.

한 병실 내에 여러 명의 화상 환자가 있었는데 그중 반 이상은 양막 처치를 받지 못했다. 그것은 두 가지 경우였는데, 하나는 미리 양막이 준비되지 않은 경우였고, 다른 하나는 화상을 입은 지 오래되었거나 이미 다른 일차 병원에서 다른 약으로 응급 처치를 받은 경우였다. 이런 경우에는 상처가 이미 오염되었기 때문에 양막으로 밀봉해 두면 세균 감염 때문에 반드시 화농이 생기므로 사나흘 내에 다시 떼어 내고 일반 화상 처치를 해야만 했다.

성형외과에서 인턴으로 일한 동안에는 화상 환자의 처치와 얼굴이 흉하게 찢어져서 응급실로 실려 온 환자들의 봉합을 돕는 데 많은 시간을 보냈다. 미용 성형 수술을 볼 기회는 한번도 없었다. 그런 수술은 대학 병원에서 흔하지 않을뿐더러 인턴은 불러 주지도 않았다.

2월의 마지막 날에 병원으로 급히 불려온 이후 바깥에 나가 보지 못했으나 1주일이 되던 금요일 저녁에 회식이 있어서 처음으로 시내에 나갔다. 택시를 타고 시내를 향하는 순간, 휘황찬란한 네온사인의 거리가 별천지로 여겨졌다. 늘 개미 쳇바퀴 돌듯 병동 안에 갇혀서 환자들을 대하다가 건강하게 활보하는 사람들과 달리는 자동차들이 있는 시내 거리를 보니 마치 첫 휴가를 나온 신병이 맞는 낯선 세상처럼 여겨졌다. 병원에 비해 음식점의 식사가 좋았을뿐더러, 반주가 있는 노래 무대는 그동안 겹겹이 쌓인 피로와 스트레스를 풀기에 충분하였다. 갑갑한 병원 생활도 이런 날이 있기 때문에 재충전하여 계속할 수 있는가 보다라고 생각했다.

■

의과대학 시절은 시험의 연속이었다. 본과 1학년 때 학기 중간 중간에 치르는 해부학 시험도 긴장되기는 했지만, 무엇보다 중간고사나 기말고사 때에는 마지막 날까지 생리 현상의 기본인 먹고 싸고 자는 시간을 제외한 모든 시간을 바쳐서 몸속의 에너지를 완전히 소모할 정도로 시험에 임해야 했다. 유급에 대한 공포가 너무나 컸기 때문이다.

대개 토요일 마지막 시험을 치르고 강의실 밖으로 나서면 세상이 달라 보였다. 아리고 충혈된 눈앞에 밝고 환한 풍경이 펼쳐졌다. 햇볕이 따스하게 감싸고 나무들이 반기는 듯했고 거리도 너무나 환하게 느껴졌다. 시험 준비로 잠이 모자라고 지쳤을 텐데 몸속에서는 어느 때보다 힘이 솟구쳐 올랐다. 온 세상을 얻은 듯한 성취감이 몸속에 흘렀다. 시험 성적의 좋고 나쁨에 대한 예상은 머릿속에 남지 않았다.

그 길로 우리는 평소에 잘 어울리는 친구들끼리 삼삼오오 짝을 지어 시내로 향했다. 사귀는 여학생이라도 있는 사람은 데이트하러 갔다. 비교적 부유층의 잘나가는 친구들은 맥줏집으로 가고 애인을 만날 능력도 없고 의과대학생이라고 뻐길 구석도 없는, 일명 '비실이' 그룹으로 불리는 우리는 염매시장 지짐집으로 갔다. 허름한 식탁에 둘러앉은 우리에게 빈대떡과 부추 지짐에 곁들인 막걸리는 그동안의 피로와 스트레스를 풀기에 충분하고도 남았다.

항상 밝은 얼굴에 입담이 좋은 형철이가 먼저 '브라보' 건배를 외쳤다. 고등학교 때 벌써 여학생들과 서클 활동도 했던 그가 우리 중에서는 가장 잘나갔다. 그때는 비록 여자친구가 없었지만 고등학교 때 만나던 여학생을 어슴푸레 떠올리며 몇몇 예쁜 애들을 그냥 부담 없이 만났었다는 둥의 화제를 추가 안주로 올리곤 했다.

그 외에 등장하는 또 다른 화젯거리는 문학이었다. 심훈의 『상록수』부터 『겨울 나그네』, 『사람의 아들』, 『젊은 날의 초상』 같은 당시의 국내 베스트셀러를 돌아, 에리히 프롬, 크리슈 나무르티, 마틴 부버, 톨스토이와 도스토예프스키까지 들먹이는 독서 토론회장이 벌어졌다. 마지막엔 『성경』까지 갔다. 그런 책들도 예과에 다닐 때나 읽었지 본과에 들어가서는 엄두도 못 냈다. 그래서 과거에 읽고 머릿속에 남아 있던 줄기들만 하나씩 내놓았다.

어느덧 시간이 흘러 긴 토론의 끝을 잡고 일훈이 손을 들었다.
"아주머니, 여기 지짐 하나 더 주세요."
2주간 기말고사에 쏟았던 긴장을 일시에 풀어 놓으니 세상이 모두 우리 것 같았다.

■

성형외과에서 인턴을 마치고 시내 갈빗집으로 갈 때의 기분은 의과대학 시절에 기말고사를 마치고 염매시장 지짐집에 갈 때와 같았다. 물론 공부에 대한 중압감이 아니라 낯선 병원 환경과 선배 수련의들에 적응해야 하는 긴장감을 일단락 지었다. 허물어져 가는 판잣집 같던 염매시장 지짐집 대신 비교적 깨끗한 음식점에서 숯불갈비로 허기진 배를 채우고 들뜬 기분에 생음악까지 불렀다. 겉은 많이 달라졌지만 속은 거의 비슷했다.

다만 자리를 함께한 사람들이 모두 친구들 대신 선후배들이어서, 깊이 있는 독서 토론이 아니라 병원에서 환자나 보호자와 다툰 일, 무용담이나 윗사람들로부터 당한 일에 대한 푸념 그리고 이어지는 음담패설이 차이였다.

흰 가운을 입고서 의사로서의 첫 한 주가 이렇게 지나갔다.

메스를 든 블루칼라

인턴 3신

5월이 되어 동산병원을 모(母)병원으로 하는 네 개의 자병원 중 가장 큰 병원인 포항선린병원에 파견 근무를 나가게 되었다. 깨끗한 병원 건물과 친절한 과장들의 미소가 반가웠다. 과장들 식사는 식당에서 특별히 따로 차려졌는데 인턴들도 거기서 식사를 했다.

과장들은 환자들에게 애정을 많이 쏟으며 환자와 병원을 위하여 헌신하는 모습을 보였고, 간호사들도 매우 친절하였고 인턴에게 부과장쯤으로 예의를 갖추어서 대해 주었다. 진료받기 위하여 새벽부터 줄 서서 기다려야 할 정도로 지역민들로부터 존경과 신뢰를 쌓아온 설립자이자 소아과 과장인 김종원 원장의 병원 운영

철학에서 배어 나온 분위기가 느껴졌다.

숙소는 파견 의사들의 아지트였는데, '훌라' 라는 카드 게임도 이곳에서 처음으로 배우고 즐겼다. 모병원에서는 텔레비전을 볼 여유가 없었지만 이곳에서는 달랐다. 남북 분단으로 헤어졌던 부모형제를 같은 남한에 살면서도 생사조차 모르다가 귀 뒤의 상처나 가슴의 붉은 점 또는 다리의 상처를 확인하여 만나는 장면을 숙소에서 며칠간 생방송으로 보며 우리는 함께 눈물을 흘렸다.

모병원에서 인턴에게 주어지는 일이라곤 고작 간단한 드레싱, 수없이 반복되는 처방전 작성, 입원 환자의 혈액 채취, 방사선 필름 운반 등 간호사나 의료 기사도 쉽게 할 수 있는 일들이었다. 모병원에서 인턴은 허드렛일만 했지만 이곳의 응급실에서는 다친 사람의 상처를 직접 봉합하고 필요한 처방도 내렸다. 수술을 요하는 심한 복통 환자를 제외한 감기 환자 등의 처방도 응급실 인턴의 업무로 주어졌다. 의사로서의 존재 가치, 즉 나도 의사로서 할 일이 있구나 하는 기쁨을 처음으로 맛보았다.

여름에 접어들면서 파견지에서 돌아와 외과 인턴을 시작했다. 성형외과, 내과, 비뇨기과, 산부인과, 방사선과 등 여러 과를 이미 돌았지만 외과는 특히 힘들었다. 6시 30분이면 일어나서 병실 환자의 드레싱을 해야 했고 수술 환자 치료를 위해 혼자서 소독 기구, 소독약, 거즈 등을 간호사 스테이션에서 꺼내어 드레싱카에 실은 다음 직접 끌고 다녀야 했다. 각 병실의 환자들 앞에 거즈를 하나씩 펼쳐놓고 환부를 치료하고 반창고도 직접 떼서 붙였다.

아침 8시에 시작되는 수술을 위해 30분 전까지는 수술실에 입장하여 환자를 수술대로 옮기고 준비하며 마취를 기다려야 했다. 아침식사는 대개 굶었는데, 매점에서 컵라면 하나로라도 때울 수 있으면 운이 좋았다. 아침을 거르고 수술실에 들어갔다가 휘플(Whipple)이라는 췌·십이지장 절제 수술이라도 걸리는 날이면 점심도 거르고 오후 서너 시까지 아무것도 먹지 못했다. 수술대에서 인턴의 위치가 보통 힘든 것이 아니었다.

인턴은 대개 '리처슨' 혹은 '디버'라 불리는 견인기로 복부가 잘 노출되도록 당기고 있어야 했다. 아무 동작을 하지 않고 당기고 있는 것은 지루하기 짝이 없어서 꾸벅꾸벅 조는 경우가 많았다. 전날 병실 환자 처치 때문에 각종 호출을 받느라 잠도 설친 데다가 아침식사도 거른 인턴은 의사 중에서 가장 말단이어서 어디 하소연할 데도 없었다. 일과가 끝나면 숙소로 돌아와 동료 인턴들과 그날 있었던 일들을 떠들썩하게 풀어놓곤 했다.

수술 중에 집도의인 외과 교수는 수술 관련 지식을 알려 주기 위하여 맨 먼저 인턴에게 질문을 던졌는데, 인턴으로서는 아무리 쉬운 질문도 답하기가 쉽지 않았다. 의사국가고시를 준비하던 엊그제 학생 때에는 알았는데 신기하게도 의사면허증을 받은 인턴은 아무것도 생각나지 않았다. 밤낮없이 응급실과 병실과 수술실로 불려 다니는 사이에 많은 것을 잊어 버렸는지, 아니면 시험 준비 때 원리를 따져볼 시간도 없이 피상적으로 외웠기 때문인지, 아무튼 생각이 나질 않았다. 그러나 하루하루 환자를 대하면서 강의실에서 배운 지식을 임상과 접목하며 하나씩 배우고 몸에 익혀 갔다. 소속된 과도 없고 임시직으로 일하는 인턴들을 일컫는 '인턴 3신'이라는 우스갯소리가 있다.

먹는 데는 걸신(乞神)이요, 자는 데는 귀신(鬼神)이요, 아는 데는 병신(病身)이라.

굶기를 밥 먹듯 하고, 뜬눈으로 날을 새며 꺼져 가는 생명을 붙잡고 인공호흡도 하고, 선배 수련의들의 궂은일과 각종 심부름 때문에 책 읽고 공부할 시간을 갖지 못하는 인턴에게 붙는 '인턴 3신'은 인턴들의 현주소일지 모른다.

나는 왜 외과 의사인가?

　　의과대학 시절에 새로운 과목들을 배워 나갈 때마다 나름대로 그 과목 전공을 선택하여 평생 일할 수 있을까를 한번씩 생각해 보았다. 1학년 때에는 생리학이 제일 와 닿았고 2학년 때부터는 정신과에 가장 마음이 끌렸고 임상의학을 공부하면서부터는 내과에 호감이 갔다. 내과에서는 인간 질병의 거의 모든 영역을 다루고 가장 다양한 환자들을 접할뿐더러 많은 만성 질환자들을 만난다. 질병의 원리를 공부함으로써 얻는 기쁨이 있다.
　　내과에서는 공자가 『논어』에서 설파한 "배우고 때때로 익히니 이 또한 즐겁지 않겠는가?(學以時習之 不亦悅好)"를 느낄 수 있고, 만성 질환자들과 대화하면서 살아갈 수 있으리라 생각했다.

예과 2학년 때는, 인생을 어떤 모습으로 살 것인가에 대한 명제를 졸업장과 더불어 가슴에 새겨야 한다는 강박관념 같은 것이 있었다. 그래서 교양서적과 여행과 『성경』을 통하여 그 명제를 구하는 일에 부단히 노력했다. 본과 3학년 말에 "이것이 바로 그 답이다."라고 느낀 구절을 『성경』에서 발견했다.

> 예수께서 모든 성(城)과 촌(村)에 두루 다니사 저희 회당(會堂)에서 가르치시며 천국복음(天國福音)을 전파(傳播)하시며 모든 병(病)과 모든 약(弱)한 것을 고치시니라.
>
> ―「마태복음」 9:35

예수처럼 사람들을 회당에서 가르치고 병약한 자들을 고치고 천국복음을 전파하는 것이야말로 내 평생 동안 해야 할 대명제로, 그 이상도 그 이하도 필요 없을 것으로 생각되었다. 이 명제를 내게 안겨준 기독교 단체를 통하여 그 실천 방안을 발견하였다. "진리를 배우고 익히며 바르게 생각하고, 생각한 것을 하나씩 실천하면 그 행동은 습관을 낳고, 습관은 그 사람의 성품을 만들고, 성품이 운명을 낳는다."라는 얘기를 듣고 늘 그렇게 하려고 노력했다.

한편 동양의 고전 4서 중 하나인 『대학』에서 『성경』의 이 구절과 일맥상통하는 구절을 발견하였다.

대학의 도리는 밝은 덕을 밝히는 데 있고 백성을 새롭게 하는 데 있으며 지극한 선에 이르는 데 있다(大學之道 在明明德 在新民 在止於至善).

이 구절은 『대학』의 전체적인 틀을 이루는 대명제로서 어린 사람을 위한 교육 철학이 담겨 있는 『소학』에 견주어 어른이 갖추어야 할 덕목, 즉 인간으로서의 도리를 안내하는 지침이다. 나는 사람이 태어나서 행해야 할 마땅한 도리가 이 안에 모두 함축되어 있다고 생각했다.

이 대명제의 세부 실천 방안은 "格物 致知 誠意 正心, 修身 齊家 治國 平天下"라는 8강령으로 이루어져 있다. 이것은 "모든 사물에는 원리가 있는데 그 원리를 알고 정성으로 뜻을 정하여 마음을 바르게 하고 몸을 연마하여야 가정을 다스리고 나아가서 나라와 온 천하를 다스릴 수 있다."라는 것으로 해석할 수 있다. '격물치지(格物致知)'란 학문을 하는 것이고, 학문을 한 다음 마음을 바르게 하여 목표를 정하고 수양하여 가정을 잘 이끌어가는 것이 필부(匹夫)들의 할 일이다. 그 이상은 더 뛰어난 사람들이 할 수 있는 일이다.

『대학』에 나오는 이 구절은 앞서 언급한 『성경』 구절과 통한다. 『성경』과 『대학』의 명제를 의과대학 졸업장과 더불어 마음속에 간직하고 전쟁터를 방불케 하는 병원 인턴 생활을 시작한 것은 참으로 다행이었다. 병원에 들어온 이후 수련의 과정을 마칠 때까지 교양서적이라도 읽는 것은 시간적으로나 정신적으로 거의 불가능했으니 말이다.

내과를 전공하는 것은 이런 근본적인 인생관 설정과도 부합된다고 느껴져 내과를 전공하고 종합 병원의 의사로 일하는 것이 좋겠다고 막연히 생각하였다. 그러던 중 힘들었던 외과 인턴을 마치고 안과에서의 인턴 3일째를 맞아 생각에 작은 변화가 일기 시작했다. 안과 수련의들은 늘 여유가 있어 보였다. 왜 굳이 힘든 내과를 선택할 것인가. 안과를 택하면 수련 기간 부담도 없을 뿐만 아니라 평생 응급 환자를 보지 않아도 되고 적절한 수입으로 여유 있게 취미 생활이나 봉사 활동도 할 수 있지 않겠는가.

나는 안과 인턴을 마치고 방사선과와 임상병리과에 근무하는 2주 동안 매일 저녁 두 시간씩 기도하면서 생각해 보기로 마음을 먹었다. 대개 기도란 『성경』에 씌어 있는 대로 "구하라 그러면 주실 것이요, 찾으라 그러면 찾을 것이요, 두드리라 그리하면 열릴 것이라."는 것으로 이해하기도 하지만, 나는 기도란 마음을 있는 그대로 하나님 앞에 내놓고 인간적인 욕심을 비우고 하나님의 나에 대한 온전한 뜻을 깨달으며 인간적인 욕심이 빈 상태에서 그분의 뜻을 깨닫고 그 뜻을 이루도록 다짐하는 시간으로 이해하였다. 하지만 5일간을 기도해도 나에게는 어느 쪽으로 가야 할지 확신이 서지 않았다.

내일은 어떤 길을 가야 할 것인지 징표를 보여 달라는 기도를 하고 다음날 출근하였다. 그런데 뜻하지 않게도 한 젊은 외과 교수가 나를 호출하기에 그의 연구실로 갔다. 무슨 과를 전공할지를 물었다. 내과에 관심이 있다고 했다. 그는 외과를 전공하지 않겠냐고 물었다. 그는 말하기를, 신체가 건강하고 외과 수련 동안 좋은 이미지를 남겨서 외과를 잘할 것으로 생각되어 앞으로 잘 이끌어 주겠다고 했다. 만약 어제 저녁에 그런 기도를 하지 않았다면 그 자리에서 거절하고 나왔겠지만 몇 주간 생각한 후에 답을 드리겠다고 했다. 그 후 3주간 다시 기도하고 생각을 정리했다. 이때부터는 안과가 심중에서 밀려나기 시작했다.

전문의 제도가 우리나라에 시행된 이후 내가 수련의를 시작할 때까지만 해도 외과 의사는 의사 중의 의사로서 존경과 부를 함께 누려 왔다. 하지만 의료보험 제도가 시행되면서 점차 그 가치가 퇴색되었고, 당시에도 외과는 힘들면서도 그만 한 보상을 받지 못하는 과로 여겨져 기피되는 경향이 일기 시작했다.

내과와 외과는 그 단어상의 먼 어감과는 달리, 같은 질병에 대하여 내과는 진단 후에 약물 치료가 가능한 질환에 약물 처방을 내리고 외과는 수술로 근본적인 치료를 한다고 하는 편이 사실에 더 가깝다. 내과 공부는 의사로서 자신의 역량을 성숙시키는 부분이 많고 외과 수술은 환자들에게 많이 베푸는 데 더 의미가 있다고 생각되었다. 내과 의사는 의학 지식과 경험을 바탕으로 각종 검사를 거쳐 진단한다. 그런데 대개 병리 검사나 방사선 검사 등은 의료 기사들이 하고, 내과 의사는 여러 가지 검사를 바탕으로 정상 또는 병적 상태를 판단한 다음 약물 치료를 할 것인지 수술을 의뢰하여 근본적인 치료를 할 것인지를 결정한다. 외과 의사는 직접 진단하거나 내과 의사가 진단한 일부 환자들을 수술로써 치료한다. 대개는 수술과 관련된 치료를 도와 줄 의료 기사가 없다. 물론 수술실 간호사의 도움을 받지만 대부분 몸소 뛰면서 수술해야 한다. 따라서 육체적으로 더 고단할 뿐 아니라, 생명을 구하는 일에 대한 책임과 더불어 여러 큰 짐을 떠안을 때가 많다.

갈등이 있었지만 3주 후 결정을 하게 되었다. 내과 의사로서 지식 확대와 자기 성숙에 신경을 쓰다 보면 베풂에 소홀할 수 있고, 외과 의사로서 베풂만을 중요시하다 보면 내적인 충실에 소홀할지 모른다는 생각이 들었다. 질병의 원리는 내과적으로 공부하고 치료는 외과적 수술로 나의 수고를 더한다면 더 적절하고 폭넓은 진료를 할 수 있으리란 믿음을 가지게 되었다. 나는 인턴 초에 파견 근무를 하면서, 얼굴이 찢어진 응급실 환자들을 봉합하다가 수술을 도와 주는 간호사로부터 어쩌면 바느질을 그렇게 잘하느냐는 얘기를 들었다. 나름대로 재미가 있었다. 그래서 내과 의사가 되면 이런 봉합 수술도 할 수 없을 것이라는 아쉬움마저 들었다.

좀 더 편한 과를 생각하며 기도하다가 '니느웨'로 가라는 하나님의 뜻을 외면하고 '다시스'로 향한 '요나'를 생각하면서 하나님의 인도하심이라 믿었다. 질병의 원리를 공부하면서 몸의 수고를 더하여 중환자들과 고락을 함께할 외과를 믿음으로 선택했다.

수련을 받으면서 내게 외과 의사로서의 숨겨진 재능도 있었구나 하는 것을 점차 확인하게 되었다. 군 복무를 마칠 때쯤 외과 영역에 새로 도입된 복강경 수술을 하면서, 최소한의 손상을 주면서 환자를 치료할 수 있는 이 방법에 재능이 있음을 알았다. 시기적으로 전역과 동시에 복강경 수술 시대가 열려서 제1세대 복강경 수술 외과 의사로 줄곧 일해 왔다.

수련의 시절, 시들어 가는 화초 같던 만성 신부전증 환자에게 이식된 신장에서 뿜어져 나오는 소변 방울을 보면서 수술 중에 눈물을 흘렸다. 그 후 이식 수술 분야에서 해야 할 일이 있을지도 모른다는 생각을 가졌고, 간·담도 분과에서 일하면서 진보된 간·담도 및 간 이식 수술이 내가 감당해야 할 몫으로 다가왔다.

멀쩡한 의사를 수술하는 언론

외과 의사가 되어 가는 과정에서 첫 징검다리이자 수술 집도의 시작은 소위 맹장 수술이라고 하는 충수 절제 수술이다. 상처를 꿰매거나 큰 수술의 뒤처리를 하면서 복벽을 봉합하는 일들은 전에도 많이 했지만 외과에 입문하여 외과 의사로서 첫 집도는 흥분되는 일이었다. 외과 수련의 1년차로서 한 달을 약간 넘긴 4월 초에 나는 처음으로 충수 절제 수술을 하게 되었다. 그전에 선배 수련의들의 수술을 도우면서 주의점에 관하여 배웠지만 막상 직접 하게 되니 간단한 수술조차 그리 쉽지 않았다.

19세의 젊은 남자여서 수술하기가 비교적 쉬웠지만, 오른쪽 하복부 피부를 메스로 절개하여 화농이 생긴 충수돌기를 절제하고 복벽을 닫기까지 시간이 어떻게 흘렀는지 몰랐다. 수술도 잘하고 수술 후 환자 처치도 잘하기로 알려진 3년차 S 선생의 지도로 첫 수술은 비교적 깔끔하게 해냈다. 그 선배는 격려한다고 일부러 그랬겠지만 외과 의사로서 소질이 있다고 추켜세우면서 '아뻬(충수돌기염(appendicitis)의 처음 두 음절에서 따온 은어) 탕'을 크게 한 턱 내야겠다면서 밝은 웃음으로 칭찬을 아끼지 않았다. 등줄기에는 어느새 땀이 흘러 수술복이 흠뻑 젖어 있었다. 그날 저녁에 수술팀은 갈빗집에서 실컷 배불리 먹었다. 음식값은 수술을 집도한 내 몫이었고, 그것은 이후부터 응급실로 들어오는 모든 맹장염은 일차적으로 내가 집도하는 것을 허락받는 의례였다.

나는 충수 절제 수술과 관련된 언론 보도에 충격을 받은 적이 있다. 그해에 선배인 M 선생이 수년 동안 우리 병원에서 수술받은 급성 충수돌기염 환자들의 수술 기록과 병리 기록을 조사하여 그 결과를 대한외과학회 추계 학술 대회에서 발표한 일이 있었다. 그 발표의 골자는 충수돌기염으로 진단하여 수술한 환자의 절제된 충수돌기 병리조직 검사에서 88퍼센트만 염증이 있었고 12퍼센트는 염증이 없었다는 것이다. 취재차 들른 기자에게 이 발표가 눈에 띄었다. 그날 저녁 모 방송 9시 뉴스의 앵커는 9시를 알리는 '땡' 소리가 울리자마자 힘이 실린 특유의 어조로 뉴스를 전하기 시작했다.

어느 대학 병원에서 맹장염이라고 수술한 환자의 12퍼센트는 맹장염이 아니었다고 합니다. 병원 당국에서 맹장염이 아닌 멀쩡한 사람을 수술해 놓고 그들에게 어떤 위로나 보상을 했는지 묻고 싶습니다…….

뉴스를 보고 있던 우리 과의 수련의들은 몹시 언짢아 그 기자를 성토하기도 했다. 그 후 신문이나 방송할 것 없이 의사에 대한 비판적인 보도가 수도 없이 이어져 그냥 쓴웃음만 짓고 말았다.

급성 충수염에 대한 정확한 진단율은 미국 교과서에도 80~85퍼센트를 기록하고 있다. 그 교과서에는 이런 언급도 있다. "급성 충수염을 확실하게 진단하는 길은 터질 때까지 기다려 보는 것이다." 80퍼센트 이상의 가능성이 있으면 수술하는 것이 급성 충수염에 대한 진단과 수술 결정의 원칙이다.

3년차였던 어느 날, 사법고시 합격 후에 사법연수원에서 공부하고 있던 친구가 보낸 엽서에서 "목숨 바쳐 목숨 구하는 공부에 정진하기를"이라는 글을 읽고 푸념처럼 썼던 기록을 옮겨 본다.

병원에서의 생활에 대해 얼마나 알고 한 얘기인지 모르나, 가끔씩 만나러 온 친구의 눈에 내 모습이 그렇게 비친 모양이다. 나는 졸업 후 바로 병원에서 일하게 되었고, 의과대학에 다닐 때 읽었던 많은 책들을 고스란히 책장에 넣어 두고 꺼져 가는 생명의 마지막 호흡 앞에서 밤을 지새우다가 낮에는 부족한 잠과 피곤을 이기지 못하여 당직실 침대에 쓰러져 잠드는 것이 일상이었다. 숱한 죽음을 보고, 죽음 직전에 소생하는 생명 또한 숱하게 보고, 함께 고생하는 동료들끼리 일용직 노동자처럼 해질 녘에 맥주 한 잔을 기울이며 저마다의 고통과 기쁨을 나누기도 하면서 수련의 생활을 보내 왔다.

베풂의 의미를 더 귀하게 여겨, 말없이 실천할 수 있다고 생각한 외과를 택한 나는 뜻한 바를 실현할 수 있음에 만족하면서도, 꺼져가는 심장 소리에서 오는 안타까움보다는 피곤한 몸에 몰려드는 피로감과 무거워지는 눈꺼풀에서 느껴지는 짜증이 더 많다는 것을 부인할 수 없다. 그러나 배를 움켜잡고 응급실로 들어섰던 십이지장 궤양 천공 환자나 교통사고 후 엄청난 출혈로 사경을 헤매던 환자가, 특히 나이든 시골 어르신들이 밝은 얼굴로 병원을 나서면서 젊은 의사 앞에 허리를 굽혀 고맙다며 손을 덥석 잡을 때면, 힘들었던 기억들 속에서 오히려 그분들에게 무례하지는 않았는지 되돌아보기도 한다.

요즘 수련의의 전공 선택에서 외과가 많이 외면당하고 있는 것이 사실이다. 일한 만큼 대가가 지불되지 않는 것이 가장 큰 문제라고 생각한다. 의사와 환자 사이에 드리워져 있는 불신도 아주 큰 문제다. 의사도 실수를 한다. 그렇기 때문에 의외의 사고가 발생했을 때 중재할 수 있는 기구가 절실하다. 하지만 언론은 강자로 보이는 의사들을 마구 두들긴다.

최근에도 암을 치료하는 새로운 약제나 기법이 개발되면, 언론은 그것으로 모든 암을 완전히 치료할 수 있을 것처럼 일반인이나 환자의 관심을 끄는 데 보도의 초점을 맞춘다. 언론은 새로운 치료법이 전체 암 치료에서 차지하는 비중을 전문가적 입장에서 고려하지 않고, 또한 그 보도 후에 일어날 부작용도 고려하지 않은 채 뉴스거리에만 집중한다. 이런 보도 후에 지푸라기라도 잡으려는 환자들이 병원에 문의 전화를 하거나 보도된 특정 병원이나 의사에게 몰려가면, 담당 의사는 그 보도 내용을 감당해 내지 못하는 경우가 허다하다. 요즘은 의사 출신의 의학 전문 기자가 있지만, 의료 기사와 보도에 있어서 기자들이 전문 지식도 없이 특종 위주로 폭로성 보도를 해도 그동안 의사들은 기자들이 모르고 하는 소리지 하는 식으로 넘겨 왔다. 이로 인하여 의사와 환자 간, 의사와 전체 국민 간의 불신이 더 깊어져 왔다. 이것은 군 복무를 마친 후 의학 전문 기자가 되어 보려고 C 일보 기자 시험에 응시한 동기가 되었다. 비록 낙방하긴 했지만.

운명

외과 의사에게 필요한 자질을 얘기할 때 자주 언급하는 말이 있다. "사자의 심장과 독수리의 눈과 여자의 손." 나는 여기에 잘 어울리는 사람으로 1년 선배인 수련의 P 선생을 떠올린다. 그는 말이 별로 없었다. 걸음걸이도 꼭 여자 같았다. 외과 수련의들은 군기가 세다지만 그에게 군기라고는 찾아볼 수가 없었다. 자기 일도 연차 후배나 인턴에게 맡기지 않고 스스로 말없이 했다. 당직을 서면, 고양이가 담장 위에 가만히 서서 주위를 살피다가 어슬렁 다른 쪽으로 사라지듯이 슬며시 당직실에서 책을 뒤지며 텔레비전을 보다가 그냥 쓰러져 자곤 했다. 그리고 언제 공부를 했는지 교수들이 물으면 많은 말은 하지 않고 핵심적인 단어 몇 마디로 정답을 맞히곤 했다. 그는 수술도 부러울 정도로 처음부터 끝까지 깔끔하게 처리했다.

수련의 1년차 말에 그와 한 조가 되어 당직을 섰다. 응급실에서 다급한 연락이 와서 뛰어 내려갔다. 사무실 의자에 앉아 담배를 피우다가 갑자기 배가 부풀어 오르고 현기증을 느껴 응급실에 실려 온 30세 청년을 진찰했다. 복부 팽만 정도가 흔히 볼 수 있는 것과 달랐다. 응급실에서 몇 가지 검사를 하는 동안에도 배는 더 단단히 부풀어 오르고 혈압이 떨어졌다. 혈액을 준비시키고 당직실의 P 선생에게 위급함을 알렸다. 그는 곧장 내려와서 환자를 살핀 후 주삿바늘로 복부를 찔러 복강 내 출혈을 확인하고는 나에게 지시를 했다. 다른 검사를 한다고 지체하지 말고 바로 수술실로 보내라고 했다.

요즘은 컴퓨터 단층 촬영(CT)을 1분이면 할 수 있지만 당시로선 성능이 좋지 않아 30분 이상 걸렸고 밤이면 판독할 의사도 없었을뿐더러 정확한 결과를 얻는 데 한 시간이 넘게 걸렸다. 나는 보호자를 만나 "원인을 알 수 없지만 복부 내에 대량 출혈이 있는 것 같습니다. 시간을 지체하다간 손도 써 보지 못하고 돌아가실 것 같습니다." 어린 아기를 안은 환자의 아내는 눈물을 글썽이며 꼭 살려 달라고 애원하였다. 우리는 아무런 검사도 없이 수술에 들어갔다가 환자가 죽으면 멱살 잡힐지도 모를 무모한 일을 감행하게 되었다.

응급실에 도착한 후 메스를 들기까지 약 40분이 걸렸다. P 선생은 메스로 단숨에 복막을 갈랐다. 복강이 열리자 혈액이 분수처럼 솟구쳐 수술실 천정에까지 튀었다. 복부대동맥이 터진 것 같았다. 걷잡을 수 없이 흘러나오는 피가 흡인기 두 개로 빨아들여 거의 다 흡인될 무렵, 혈압이 40 정도로 떨어지고 모니터의 심전도는 불규칙한 리듬을 나타내어 심장이 곧 멎을 것 같았다. 그때 P 선생은 구멍 난 대동맥을 찾아 주먹으로 틀어막았고 마취과 선생은 하트만액과 혈액을 중심정맥관으로 퍼부었다. 그러고는 혈압이 상승하여 맥박이 정상으로 돌아오기를 기다렸다. 마취과 선생의 신속한 조치로 다행히 맥박과 혈압이 정상을 되찾았다.

더 이상 수술을 진행할 수가 없었다. 경험과 능력의 한계에 다다른 것이다. 미리 연락을 했기에 젊은 당직 교수가 나올 때까지 기다렸다. 당직 교수는 도착하여 수술복을 입고 출혈 부위를 확인하다가 피가 왈칵왈칵 쏟아져 어떻게 처리해야 할지 몰라 당황했다. 당직 교수는 회갑이 지난 P 과장에게 연락하였다. P 과장은 이식 혈관 외과에 경험이 있었다. 그는 출혈 부위를 살피더니, 거즈와 손으로 막고 그 상부에 접근하여 터진 대동맥 위쪽을 박리한 후 대동맥을 인조 혈관으로 갈아 끼우는 수술을 계획하였다. 당시로서는 대동맥 치환술이 흔하지 않아서 수술실에는 인조 혈관이 항상 준비되어 있지는 않았다. 중앙 공급실과 수술실을 모두 찾아도 갈아 끼울 인조 혈관이 없었다.

새벽 1시가 되어 가는 시간에 흉부외과 과장에게 전화하였더니 연구실 캐비닛에 인조 대동맥 한 개가 보관되어 있다고 하였다. 그것을 건네받아 소독하여 밤새 대동맥 치환 수술을 했다. 수술은 오후 6시경에 시작되었지만 새벽 2시가 되어서야 본격적으로 대동맥 치환 수술에 들어갔다. 아침 8시가 넘어서야 수술을 마무리하고 수술실을 나설 수 있었다. 저녁부터 밤을 새워 수술한 피로는 둘째 치고, 환자의 의식은 회복될까, 소변은 잘 나와 줄까를 걱정하였다. 오전 11시가 되어 환자는 마취에서 완전히 깨어났다. 소변을 정상적으로 배출했고 대화도 가능하였다.

겁 없이 응급실에서 곧바로 수술실로 들어가 시행한 수술이 허사가 아니어서 기뻤다. 겉으로 보기에 여성스러운 P 선생의 용기 있는 결정과 기민하게 대처한 마취과 수련의의 공조로 위기를 넘겼고 외과 과장의 노련한 수술로 청년이 되살아났다.

오후에 중환자실에 들른 나에게 그 환자는 "어떻게 된 거죠?"라고 물었다. 밤을 새운 보람이 컸기에 흥분을 감출 수 없었다. 곧 나는 당직실에서 곯아떨어졌다. 그는 후유증도 없이 정상적으로 회복하여 아무 일도 없었다는 듯 수술 후 2주 만에 퇴원하였다. 군대 시절에 복부 충격을 받은 적이 있었다는 얘기와 더불어, 가끔씩 허리가 아팠던 병력과, 과거에 찍은 복부 사진을 종합해 보니 군대에서 외상을 입어 약해진 대동맥 부위가 조금씩 손상되어 일어난 '가성 대동맥류 파열'이었다.

영문 문헌을 뒤져보아도 외상으로 인한 가성 대동맥류 파열 보고는 당시까지 세계적으로 14건 정도밖에 없었다. 그리고 환자를 살린 경우는 반도 되지 않았다. 수술받은 그 환자는 자신에게 있었던 일을 설명해도 무덤덤하였다. 환자가 감격하면 보람도 더 컸을 텐데 좀 아쉬웠다.

그렇지만 P 선생과 과장을 포함한 우리 팀은 떼어 낸 대동맥에 대한 기본 검사와 병리조직 검사의 결과를 모아 대한혈관외과학회에 발표하였다. 그 발표의 좌장이었던 우리나라 이식 혈관 외과의 태두이자 원로인 가톨릭대학교 외과 이용각 교수가 축하한다고 격려하며 청중들의 축하 박수를 끌어내서 기분이 좋았다.

나는 수련의를 마치고 병원을 떠난 이후에도 이따금 그 환자를 한 번씩 떠올리며 어떻게 되었는지 궁금해 하였다. 그런데 18년이 지나서 그 환자가 다시 응급실로 들어왔다. 치환 수술을 받은 대동맥 연결 부위에서 처음 발생한 가성 대동맥류와 비슷한 형태가 재발하였지만 이식 혈관 외과 C 교수가 3시간 30분 만에 가뿐히 수술하였다.

외과 의사 수련기에 잊을 수 없는 기억을 남긴 그를 만나러 중환자실에 갔다. 머리는 많이 희끗해졌지만 얼굴은 크게 변하지 않아 단번에 알아볼 수 있었다. 나는 "아무 일 없이 건강하신지 가끔씩 생각이 나던데, 정말 반갑습니다. 그리고 수술이 잘 되었다니 축하드립니다."라고 했다. 하지만 그는 여전히 무덤덤하게 그저 "반갑습니다."로 인사를 마쳤다. 사람의 성격은 세월이 지나도 별로 변하지 않는 모양이다.

P 선생은 애써 가르쳐 주거나 지적하는 성격이 아니었지만, 나는 그가 하는 것을 도우면서 보는 것만으로도 수술에 관해 많이 배웠다. 그는 일일이 지적하며 가르치는 선배들보다 훨씬 더 많은 것들을 가르쳐 주었다. 죽음의 문턱에서 수술받은 사람은 아직 살아 있는데 그를 수술한 P 선생은 군 복무 중에 아깝게 교통사고로 고인이 되었다. 사람의 운명은 모를 일이다.

신장을 이식하다

신장 이식 수술 초창기였다. 1980년 초에 동산병원에서 처음으로 신장 이식 수술을 시행한 이후 열 번 정도 진행된 시기였다. 라이트 형제가 1903년 노스캐롤라이나 바닷가에서 동력기를 달아 처음으로 비행기를 띄운 그날 저녁에 잠을 자다가도 흥분이 일었다고 고백한 것처럼, 생명을 다루는 의료 행위에 있어서도 첫 성공은 대단히 흥분되는 일이었다.

비행기를 띄우거나 인공위성을 쏘아 올리는 등의 실험은 처음에 사람이 탑승하지 않고도 가능하다. 성공하면 실험에 참여한 모든 연구진이 환호와 박수를 보내며 기뻐하고, 설령 실패해도 시간적, 경제적 손실과 일시적인 좌절감은 있겠지만 인명 피해는 피할 수 있다. 생명공학 연구에서도 인간에게 적용하기 전에 동물실험을 할 때에는 실패의 위험에 대한 부담이 별로 없다. 하지만 사활이 걸려 있는 수술은 실패하면 죽음이라는 벼랑이 나타나고, 성공하면 그만큼 큰 기쁨이 돌아온다.

만성 신부전증 환자는 얼핏 보아도 누렇게 변해 가는 식물처럼 얼굴이 거슴츠레하고 노폐물이 몸에 가득 차 생기가 없어 보인다. 만성 신부전증 환자의 삶은 보기에도 딱하다. 혈액 투석을 위해 병원에 가서 1주일에 2~3회, 1회에 3~4시간씩 피를 걸러야 한다. 복막 투석의 경우에는 병원에 가지 않아도 되지만 하루에 4번씩 6시간마다 복강 안에 주입한 투석액을 뽑아 내고 새로운 투석액을 넣어야 한다. 그래서 장거리 여행은 하기가 힘들어진다. 항상 긴장하면서 평생을 살아야 한다. 서민들은 여기에 드는 의료비를 감당하기 어려워 상당수는 국가에서 의료비를 지원해 주는 생활보호대상자가 되어 버텨 나간다.

■

나는 세 살배기 아이를 둔 젊은 여성에게 신장을 이식하는 수술의 주치의가 되었다. 그 환자는 사구체 신염을 앓은 지 2년이 지나면서부터 신부전증에 빠졌다. 1년가량 혈액 투석을 해 오다가 친정어머니로부터 신장을 기증받기로 하고 입원하였다. 조직적합성 검사를 포함한 여러 검사를 마친 후 다음날 신장 이식 수술을 하기로 했다. 그래서 수술 전날 여러 가지 전처치를 준비해야 했다. 그중 한 가지가 중심정맥관 삽입이었다. 요즘은 수술실에서 마취한 다음에 하지만 당시에는 수술 전날 병실에서 하였다. 빗장뼈 아래쪽의 쇄골하정맥에 굵은 주삿바늘을 넣고 거기로 굵은 수액관을 집어넣는 일이었다.

 배운 대로, 원칙대로 한다고 해서 모두 똑같이 성공하는 것은 아니다. 두세 차례 바늘을 꽂아 실리콘관을 넣으려 했으나 실패하고 말았다. 응급실 환자의 진단이나 수술에 있어 손끝에 물이 오른 수련의 3년차 S 선생에게 연락하여 상황을 설명하였다. 그는 지체 없이 달려와서 다시 한번 시술을 하였으나 실패하였다. 팔에 링거액을 주입하기 위하여 주삿바늘을 찌르는 간단한 행위도 처음에 가장 좋은 혈관을 이용하기 때문에 실패하면 그 다음은 어렵다. 그는 결정을 내렸다. 더 이상 무리하게 찌르지 말고 그냥 수술에 들어가자고 하였다.

 다음날 마취과 의사의 도움으로 전신 마취 후에 간단히 중심정맥관을 삽입하였다. 수술은 순조롭게 진행되어 신장을 이식할 공간을 확보하고 옆 수술실에서 적출한 신장을 넘겨받아 이식하기 시작하였다. 다른 사람의 콩팥을 옮겨 심어 제 기능을 하도록 만드는 것이 신기하기만 했다.

 신동맥과 신정맥을 이식된 신장에 연결하고 혈관 감자를 풀자 창백하던 신장이 불그스름하게 부풀어 올랐다. 소변이 요관에서 흘러나오는가가 문제였다. 5분을 기다렸을까. 요관 끝에서 소변이 뿜어져 나왔다. 단순히 흘러나오는 것이 아니라 지하에서 샘물이 솟듯 주기적으로 분출되었다. 아이나 어른이나 방뇨할 때에는 일정 속도로 한 번에 배출하지만, 콩팥에서 만든 오줌이 방광으로 모이는 과정은 뱀이 개구리를 삼켜서 넘기듯 리드미컬하다는 사실을 몰랐었다.

수년간 투병을 해 온 여성의 누렇게 뜬 얼굴과, 어제 병실에서 중심정맥관 삽입에 실패한 일들을 떠 올리면서 솟아오르는 오줌 줄기에 감격의 눈물을 흘렸다. 수술포에 눈물을 떨어뜨리지 않기 위하여 고개를 위로 들어야 했다. 힘든 외과 의사 수업 가운데 이런 감격스러운 일들은 첩첩이 쌓인 피로를 한순간에 녹였다.

당직 의사의 딜레마

　일반 사병의 군 복무 기간이 시대의 변화에 따라 2년(24개월)까지 줄었다. 그런데 의과대학의 수와 졸업생 수는 많이 늘어났지만 군의관 복무 기간은 20년 전에 비해 하루도 줄지 않았다. 훈련 기간을 포함한 39개월의 복무 기간이 그대로 유지되어 온 이유를 도무지 이해할 수 없다. 해외 연수를 받는 동안 외국의 젊은 학생이나 연구원과 실험실에서 부대낄 때마다 군대에서 보낸 3년이 너무나 길고 아깝게 여겨졌다. 분단 현실을 슬퍼하면서도 젊은 혈기로 한창 의학을 배우고 연구할 나이에 3년이라는 공백을 감내해야 하는 것은 커다란 안타까움이라고 푸념했다.

　요즘은 어떤지 모르지만, 의사 수가 모자란 과거에는 중소 병원과 개인 병원의 야간이나 주말에 당직이 따로 필요했다. 각 과의 과장들이 병원에 상주하지 않기 때문에 당직 의사를 고용해야 했으나 당직만 서 줄 의사가 매우 드물었다. 그래서 음성적이긴 하나 이 자리를 공중보건 의사나 인근의 군의관이 메우기도 했다. 전방 부대에 근무하는 군의관들은 그런 일이 거의 없었으나 후방 부대에서 근무하는 군의관들은 월급만으로 가족을 부양하기가 쉽지 않아 간혹 그런 야간 당직을 서기도 했다.

일본에서는 중소 병원의 당직에 대학병원 수련의나 대학원생, 심지어 젊은 교수까지 참여한다. 물론 합법적이다. 수련의나 대학병원 의사의 봉급이 상대적으로 낮아 그것을 보전해 주는 방법의 일환으로, 1주일에 평일 하루나 이틀간 야간 혹은 휴일 당직을 설 수 있게 한다. 일본의 경우 당직비를 상당히 많이 받는다. 미국에서도 마찬가지이며 일본에서처럼 합법적이다. 이러한 당직 진료를 일컫는 용어도 달밤에 불을 켜고 일한다는 뜻인 듯한 '문라이팅(moon-lighting)'이 사용된다.

■

군의관으로 몇 달간 개인 병원의 당직 의사로 일한 경험은 외과 의사로서의 장래를 결정하는 데 큰 도움이 되었다. 3년의 군 복무 기간 중 1년은 전방 부대에서 근무했기 때문에 그럴 기회가 없었다. 3년차 때는 서울 근교의 병원 부대에서 근무하게 되어

1주일에 한 번씩 일과 후에 인근 병원에서 당직을 섰다.

처음으로 나간 곳은 개원한 지 4년이 넘은 외과 의원이었다. 그 지역에서 비교적 성공한 병원으로서 지역민에게 봉사하는 차원에서 일요일 오후에 진료실을 열었다. 평일에는 서울로 출퇴근하기 때문에 진료받을 시간을 낼 수 없는 가벼운 환자들을 원장이 일요일에 한 나절을 진료했다. 덕분에 그 의원은 지역민들에게 신망을 얻어 일요일 한 나절 진료에도 웬만한 의원의 종일 진료보다 환자 수가 많았다. 그렇지만 원장은 1주일 내내 병원에 갇힌 생활이 답답하여 일요일만은 양수리 근처의 작은 텃밭을 일구며 쉬고 싶어 했다.

나는 이곳에서 외과 의사로서 개원의의 모습을 느껴 보게 되었다. 외과 의원이었지만 수술은 거의 없었다. 감기, 설사, 피부 질환 등 일반 의사가 할 수 있는 일차 진료가 대부분이었다. 몇 달이 지나도 거의 유사한 질환의 환자들뿐이었다. 정형외과를 전공한 친구와 격주로 당직을 섰지만 몇 달이 지나면서 원장과 마찬가지로 갑갑증을 느끼게 되었다. 나는 외과를 전공할 때의 생각, 즉 개원의는 경제적으로 여유가 있을지 모르지만 계속 연구하고 가르치며 진료하는 종합 병원 혹은 대학 병원의 의사와 비교할 때 오랫동안 그려온 이상적인 의사의 모습은 아니라는 생각을 하게 되었다. 한동안 당직을 서면서 가능한 한 개원을 하지 않겠다는 생각을 굳혔다. 그리고 몇 달이 지나 어떤 이유였는지 기억은 나지 않지만 그만두어야 했다.

■

얼마간 쉬다가 당직을 나간 곳은 서울 시내 중심부지만 달동네 같은 지역에 위치한 병원이었다. 평일 야간 당직이었는데 다른 병원보다 당직비가 약간 더 많아 호감이 갔다. 이 병원은 원래 3층짜리 일식당으로 사용되던 건물 내부를 개조하여 3개월 전에 개원했기 때문에 아직 초기 단계였다. 건물 자체가 약간 오래되었을뿐더러 병원으로 사용하기에는 구조나 실내 장식이 엉성한 편이었다. 거무칙칙한 시멘트 바닥에다 원무과가 통로로 돌출되어 있었으며, 그 앞에 내과, 외과, 정형외과 진료실이 있었다. 안쪽으로 돌아 들어가면 응급실이 보였다. 아픈 사람에게 포근함을 줄 수 있는 실내 공간이라곤 찾아볼 수 없었다. 2, 3층에는 수술실과 병실이 갖춰져 있었으며 아래위층을 오르내리는 계단은 필요 이상으로 넓어 공간 효율이 형편없었다.

당직은 저녁 7시에 시작하여 다음날 새벽까지 응급실 환자를 처치하는 일이있나. 밤 10시까지는 주로 감기나 설사 혹은 고열 환자를 진료했다. 직장일로 바빠서 낮에는 병원에 가지 못하고 퇴근하면서 들른 환자들이 대부분이었다. 10시 이후 새벽 한두 시까지가 본격적인 업무 시간이었다. 사무장은 주변의 친구들을 불러다가 바둑을 두기도 하고 카드놀이도 하다가 이때부터 활동을 시작했다. 그는 인근 유명 대학 병원의 응급실 원무과 직원과 연결되어 있는 듯했다.

술에 취하여 칼이나 병을 휘두르다가 손과 팔 등에 깊은 상처를 입어 힘줄이나 혈관을 다친 사람들은 대학 병원 응급실로 실려 가서 수련의들에게 푸대접을 받기 십상이다. 술 냄새를 풍기며 소리를 지르는 사람을 우선적으로 진료해 줄 수련의가 드물뿐더러, 기존 입원 환자의 수술과 처치로 정신이 없기 때문에 이런 환자들의 수술은 미루는 것이 보통이다. 이런 환자는 기다리다가 지치면 소개를 받거나 백방으로 수소문하여 빨리 수술해 주겠다는 병원으로 옮긴다.

내가 당직을 선 병원은 그런 병원이었다. 당직 의사의 임무는 그런 환자가 오면 상처를 확인하고 원장인 정형외과장에게 보고한 후 수술을 준비하여 수술실로 들여보내는 일이었다. 이들은 자해나 상해 환자였기 때문에 보험 혜택을 받지 못했다. 따라서 높은 진료비를 본인이 내야 했다.

이 병원은 정형외과장과 마취과장이 공동 원장으로 동업을 하는 체제였지만 실제로는 사무장도 함께 동업하는 듯했다. 마취과장과 정형외과장은 새벽 1시에서 4시까지 생리적으로 가장 깊이 잠잘 수 있는 시간대에 잠을 포기하고 수술하러 나왔다. 환자를 위한 것일 수도 있었고 돈을 벌기 위한 것일 수도 있었다. 깊은 내막은 잘 모르지만 사무장이 두 원장을 마음대로 요리하는 것 같았다. 이런 실정을 처음 본 나로선 같은 의사로서 의사의 역할과 처지에 대해 비애를 느꼈다. 환자 유치를 사무장의 능력에 의존하기 때문에 사무장의 목소리가 큰 것은 당연했다. 새벽 2시가 넘으면 환자가 거의 없었다. 그 시간이 지나서까지 술 마시고 사고 치는 사람들은 없는 듯했다.

1주일에 한 번 정도 나갔는데 두 번째 날이었다. 병원에 도착하자마자 응급실로 바로 실려 온 70세 할머니가 응급실 침대에 누워 숨을 헐떡거리고 있었다. 도시 계획 때문에 얼마 되지 않는 할머니의 땅이 도로로 편입되어 그 문제로 관계 공무원과 다투다가 실신하여 쓰러졌다. 의식이 희미하여 대화를 할 수가 없었다. 이런 환자는 대개 히스테리 반응 때문이므로 침대에 눕혀 놓고 산소를 공급해 주면 깨어나서 자기 발로 응급실 문을 걸어 나간다. 그러나 이 할머니는 좀 다른 것 같았다.

급히 흉부 엑스선 사진을 찍어 보니 오른쪽 폐에 흡인성 폐렴이 있어 보였다. 여기서 이런 환자를 치료하는 것은 무리라고 생각했다. 대학 병원으로 후송을 결정하고 원무과에 연락하여 구급차를 준비하도록 했다. 그런데 원무과 당직 직원은 우선 원무과장에게 보고하여 가능한 한 이곳에 입원시켜 치료받도록 한 후 내과 과장에게 연락하라고 했다. 내과 과장은 내가 알아서 판단하여 입원시키든지 후송하든지 하라고 했다.

연락을 취할 동안 산소마스크로 산소와 수액을 공급했는데 환자의 상태가 급격히 악화되어 40분 정도 후에는 호흡이 꺼져 가는 단계에 이르렀다. 당황하지 않을 수 없었다. 수련의 시절에, 환자가 숨을 거두거나 호흡이 곤란한 경우 기관지 튜브 삽관으로 인공호흡을 하는 처치에 익숙했다. 그래서 재빨리 기관지경으로 튜브를 삽관한 후 심장 마사지를 하면서 에피네프린을 투여하여 심장이 다시 뛰게 하고 인공호흡을 하였다. 원무과에서도 다급해진 상황을 알고 인근 대학 병원으로 연락을 취하며 후송을 서둘렀다. 혈압과 맥박이 안정을 찾아 가고 자발적인 호흡도 조금씩 돌아왔다. 뒤늦게 나타난 원무과장은 환자가 심폐소생술로 상태가 호전되어 구급차로 후송될 동안 얼굴을 붉으락푸르락해 가며 호통을 쳤다.

"누가 이런 환자를 받았어? 내 미치겠어. 여태껏 밤새 수술해 가며 쌓은 공이 무너질 뻔했잖아! 앞으로 내과 환자는 절대로 받지 마!"

원무과 직원에게 내리는 불호령은 곧 당직인 나에게 하는 것이었다. 그는 시간이 지나면서 점차 흥분이 가라앉았다. 대학 병원으로 후송된 그 할머니는 다음날 사망했다고 들었다. 사무장은 회전의자에 몸을 뒤로 젖힌 채 밝은 형광등 아래에서 아침까지 지새는 경우가 많았다.

그는 "내가 없으면 이 병원이 돌아갈 것 같아?" 하면서 가끔씩 직원들에게 으스대기도 했다. 병원 내에는 당직 의사가 잘 수 있는 당직실 내지 빈 공간이 마련되어 있지 않았다. 응급실 한쪽 구석에 가리개를 치고 환자 침대 위에 눕거나 내과 외래 진료실 진찰대에 누워서 몇 시간 정도 눈을 붙여야 했다. 하룻밤 당직을 서면 다음날은 몹시 피곤하고 낮의 생체, 생활 리듬이 많이 망가져서 그만둘까도 생각했지만, 그래도 한 달에 서너 번 당직을 서면 아이 둘과 아내의 넉넉지 않은 생활비에 보탬이 되었기에 그만두지 못했다.

■

두어 달이 지난 12월 어느 날 밤 11시경에 구급차 사이렌이 울렸다. 구급차에 실려 온 사람은 팔목을 칼에 베인, 소위 '텐던 환자(팔의 힘줄이 끊어진 환자)'였다. 응급실 당직 간호사가 환자를 봐 달라고 하여 팔에 감은 붕대를 풀어 상처를 살펴보니 깊지는 않았다. 상처의 깊이는 피하 지방까지였다. 근육이나 인대가 끊어진 경우에는 수축되어 들어간 힘줄을 찾아 연결해야만 뒤탈을 면할 수 있다. 그런 수술을 하려면 척추 마취나 전신 마취를 해야 한다. 그러나 이 환자는 국소 마취로 그냥 피부만 봉합하면 되었다.

환자는 사병으로 복무를 마치고 전역한 지 열흘밖에 되지 않은 청년이었다. 열흘 전에 군대에서 사고 쳤더라면 내 손에 꼼짝 못했을 텐데 그는 반쯤 취한 채 고래고래 소리를 질렀다. 존댓말을 써 가면서 달래고선 사병 생활의 고충을 떠올리다가 더 생각할 겨를도 없이 간호사에게 봉합 세트를 풀어 달라고 해서 상처를 소독한 후 봉합을 시작했다. 얼마 지나지 않아 사무장이 봉합 수술을 도운 간호사를 불러서 소리를 질렀다.

그는 간호사에게 "텐던 환자를 응급실에서 꿰맨다고?" 하면서 그 환자를 왜 응급실에서 봉합하게 두었냐라고 호통을 쳤다. 간호사는 정형외과장과 마취과장이 이미 연락을 받고 나오는 중이라고 했다. 나는 그 얘기를 무시하고 봉합하던 것을 마무리한 후 돌아섰다. 마취과장은 얼굴만 내밀었다가 다시 집으로 들어가 버렸고 정형외과장은 휴대 전화도 없던 시절에 어떻게 알았는지 차를 돌려 집으로 갔다. 40대 후반의 사무장은 또 얼굴이 붉으락푸르락했지만, 약간의 격을 갖추어 부르기에 원무과 안쪽의 방으로 갔다.

그는 나에게 "선생님, 그 환자는 수술실에 들어가서 꿰매기로 되어 있었습니다. 진료비도 몇 배나 차이가 나는지 아십니까?"라고 했다. 그리고 옆에 서 있는 응급실 간호사에겐 "너는 왜 응급실에서 슈쳐(suture: 봉합 수술)를 한다고 나한테 연락을 하지 않은 거야? 일을 그 따위로 할 거야!"라고 또 한번 소리를 질렀다. 나는 기가 막혀 할 말을 잊었다. 나는 아무 말도 하지 않고 있다가 참을 수가 없어서 "아무리 그렇더라도 텐던(tendon: 힘줄)이 끊어지지 않았는데 너무하지 않습니까."라고 한마디했다.

그는 진정하면서 나에게 차분히 설명하려 들었다. "설령 그 환자가 텐던이 끊어지지 않았다고 하더라도 전신 마취하에 꿰매야 합니다. 당신은 아직 모릅니다. 당신은 외과 전문의죠? 앞으로 전역하고 한번 보세요. 비디오 가게만도 못한 외과 의원이 수두룩합니다. 그런데 우리 병원을 그런 꼴로 만들어 놓고 싶은 겁니까?"

나는 그 앞에서 자꾸 대꾸하는 꼴이 싫어서 조용히 한마디로 끝냈다. "오늘로 나는 이 병원의 야간 당직을 그만두겠습니다. 지금 당장 돌아가고 싶지만 오늘밤은 일종의 계약이자 책임이기 때문에 내일 아침까지는 응급실을 지키겠습니다." 그러고는 응급실로 돌아갔다. 여전히 취한 채 누워 있는 청년을 바라보며 '오늘 운이 좋은 녀석이로군.' 하고 생각했다. 이날로 나는 몇 달 되지 않은 야간 당직을 마감했다.

향로봉의 눈꽃

 향로봉은 겨울이 유난히 길고 수차례 폭설이 내려 부식과 물자 보급에 애로 사항이 많았다. 그래서 한겨울이 오기 전에 생활필수품과 각종 부대 용품을 몇 달 치나 비축해야 했고 부식도 넉넉하게 저장해 놓아야 했다. 향로봉에 위치한 부대는 겨울을 나기 위해 그렇게 다람쥐처럼 부지런을 떨어야 했다.
 어느덧 긴 겨울의 막바지에 이른 2월 말인데도 혹한과 한번씩 쏟아지는 폭설은 끝날 기미가 보이지 않았다. 막사 주위의 마당과 부속 건물을 잇는 길은 언제나 눈이 말끔히 치워져 있었지만 그 외에는 온통 천지가 흰 눈으로 덮여 있었다. 그중에서도 향로봉에서 발원하여 군사분계선을 넘어 북한으로 흘러 들어가는 계곡, 즉 사단 구역 내에서 가장 오지인 데다 물이 차고 깨끗해서 천연기념물인 열목어가 서식하여 부대 내에서도 신성시하며 소중히 여기는 사천계곡이 먼발치에서 폭설을 안고 누워 있었다.

저 멀리 935고지의 휴전선 지역과 아득한 내금강도 온통 눈천지였고, 덮인 눈을 뚫고 고슴도치의 털처럼 숭숭 솟아 있는 나뭇가지들은 무서우리만큼 깊은 적막감을 드리우고 있었다. 밤이 되면 칠흑 같은 어둠 속에서 들려오는 대남 방송에, 어디선가 야생동물이 출현할 것 같은 무서움에 한번씩 전율이 파도치기도 했다.

겨우내 눈으로 막혔던 진부령까지의 길을 사단 공병대대에서 불도저로 밀어 이틀 전에 뚫었다. 불도저가 지나간 길은 약간의 눈이 쌓이긴 했어도 사람이 다니기엔 지장이 없을 정도였다.

그날은 토요일이었다. 눈 때문에 몇 주간 미뤄졌던 간부 외박과 사병 휴가가 계획되어 있었다. 사병들은 십수 개월 동안 휴가만을 기다리며 따분한 영내 생활을 견뎌 왔다. 간부들도 한 달 만에 가족들을 만나고 돌아올 수 있는 2박 3일의 정기 외박이었기에 손꼽아 기다려 왔다. 그러니 날씨와 도로 사정이 웬만큼 나쁘지 않다면 진부령까지의 가슴 벅찬 16킬로미터 행군을 마다할 까닭이 없었다.

김 대위는 3개월가량을 부내 안에만 있었다. 그는 모든 일을 믿음직하게 처리하고 장병 관리도 잘하여 대대장은 그가 잠시라도 자리를 비우면 부대 운영에 불안을 느꼈기 때문에 외박 허락을 미뤄 왔다. 김 대위도 그런 대대장의 마음을 알았기에 스스로 외박 얘기를 잘 꺼내지 않았다. 그런데 다음날이 시골에 있는 아버지의 회갑이어서 회갑 준비는 누나에게 부탁했다지만 맏아들로서 꼭 회갑 잔치에 참석해야 했다. 그래서 대대장에게 양해를 구하여 5박 6일간의 휴가를 허락받았던 것이다.

　진부령으로 갈 장병들은 추위와 눈보라에 대비한 복장을 갖추고 각자의 소지품도 챙겨서 막사 앞에 도열했다. 눈이 녹은 물이 스며들지 않게 촛농을 칠한 군화가 반질거렸다. 대대장은 방한복, 방한모, 장갑, 내복, 전투화 등을 일일이 점검했다. 불량하면 막사 안으로 돌려보내서 동료 장병들의 도움을 받아서라도 추위와 폭설에 대비하게 했다.

　하늘에는 구름이 잔뜩 끼어 있었고 금방이라도 눈이 펑펑 쏟아질 듯한 찌푸린 날씨였다.

　"대대장님께 대하여 경례, 단결! 대위 김○○ 외 19명, 외박 및 휴가 출발 준비 끝, 단결!"

　총 20명이 2열 횡대로 도열한 가운데 대대장의 간단한 훈시가 있었다.

　"길이 아직 완전히 복구되지 않았고 일기가 좋지 못하니 특히 안전사고에 유의하고, 김 대위의 인솔하에 즐거운 외박 및 휴가가 되길 바란다. 이상!"

　2중대장인 김 대위를 포함하여 1소대의 송 소위, 3중대 작전장

교 정 중위, 군수과 선임하사 등 간부 7명과 사병 13명이 향로봉을 출발한 시각은 오전 9시경이었다. 송 소위와 정 중위를 중심으로 사병들을 선두 그룹으로 내려 보내고 나머지 간부들은 후미에서 따라갔다. 소형 무전기 한 대는 선두의 송 소위가, 다른 하나는 후미의 김 대위가 들고 통제 사항들을 서로 교신하기로 했다.

버스가 다니는 진부령까지 가야 할 16킬로미터 전 구간은 대부분 내리막길이었다. 여름에는 M60 트럭을 타고 오르내리기도 했는데, 트럭이 정기적으로 운행되지는 않아서 부대를 오가는 트럭이 있으면 묻어서 타야 했다. 물론 차량 운행이 없을 때는 걸어서 내려올 수밖에 없었다. 하지만 눈이 많이 내리는 겨울에는 트럭 운행이 허락되지 않았다.

눈이 없는 평소에는 걸어서 3시간이면 진부령에 도착하여 진부령휴게소에서 라면 한 그릇으로 점심을 때우고 원통행 버스를 탈 수 있었지만, 이날은 얼마가 걸릴지 예측할 수 없었다. 진부령에서 향로봉까지 꼬불꼬불한 길을 따라 50미터 간격으로 전봇대가 세워져 있는데, 각 전주마다 진부령을 시작으로 1번부터 300번까지 일련번호가 붙어 있었다.

한 차례의 무전 교신이 있었다.

"여기는 갈매기, 여기는 갈매기, 274번 전주를 지난다. 솔개 대답하라."

"여기는 솔개, 여기는 솔개. 268번 전주, 268번 전주. 선두 그

롭 이상 무."

"여기는 갈매기, 속도를 늦춰라, 오버."

외박과 휴가의 기쁨으로 발걸음이 가벼워 눈이 없을 때보다 더 빠른 속도로 내려가고 있었다. 맑은 날에는 진부령 알프스 스키장이 발아래로 보이는 지점이었다. 밤이면 휘황찬란한 나트륨등 아래로 개미처럼 오르내리는 스키어들이 보였을 것이다.

김 대위는 한겨울 영하 20도의 추위 속에서 야간 경계 초소들을 순찰하다가 연일 알프스 스키장에서 불을 밝힌 채 스키를 즐기는 사람들의 모습을 물끄러미 봐야 했다. 그 광경을 보면서 이따금 분단국가의 슬픔과 자신의 초라한 모습이 교차했다. 차라리 전역을 했더라면 하는 생각도 한번씩 들었다.

농촌 출신의 김 대위는 지방 명문 대학을 다니면서 학군사관(ROTC)을 지원하여 철책 사단의 소대장으로 배치된 후 의무 복무 기간이 지났으나 군대에 남았다. 주위에서 무관의 기질이 있다는 말을 많이 들었고 자신도 한번 야전군 지휘관으로 대성하고 싶은 생각을 품었기 때문이다. 그는 장기 복무 지원 신청서를 낼 때 많은 고민을 했다. 군대라는 곳은 생산성이나 창의성보다 현상 유지가 더 중요하다. 개인적 호젓함은 거의 없이 단체 생활로만 하루하루를 이어간다. 하지만 그에게는 사회에 나가서 무엇이든지 멋지게 해낼 능력과 자신감이 있었던 것이다.

3킬로미터쯤 내려갔을 무렵이었다. 눈발이 날리기 시작했다.

함박눈이 아니라 작은 눈송이들이 시야를 가리며 흩뿌려지고 있었다. 함박눈은 대개 소나기처럼 펑펑 쏟아지다가 그치지만, 이 눈은 시작하는 형세를 보니 제법 내릴 듯했다. 이내 스키장은커녕 50미터 앞조차 잘 보이지 않을 정도로 눈보라가 몰아쳤다.

185번 전주를 지날 무렵, 그러니까 절반에도 못 미쳤는데 눈이 무릎까지 차올랐으며, 쌓인 눈은 싸락눈에 가까워서 모래밭을 걷는 기분이었다. 앞서가는 사람이 발자국을 남겨도 금방 바람에 깎이고 눈에 덮여 뒤를 따르는 사람에게 별로 도움이 되지 못했다.

앞장서서 내려가던 행정반의 정 일병과 군수과의 도 상병이 선두 그룹에서 쳐져 터벅터벅 걷는 품이 지친 듯했다. 그래도 그들은 고향의 부모와 그리운 사람을 만날 기대와 희망에 부풀어 있었다.

"정 일병, 좋겠어."

"뭐 말입니까?"

"야, 빼긴 뭘 빼."

정 일병은 상급자의 부러움 섞인 놀림에 부끄러움으로 답했다.

"밤마다 이불 속에서 그리던 애인을 곧 만날 텐데, 즐겁지 않아?"

이틀이 멀다 하고 날아드는 애인의 편지 덕분에 정 일병은 내무반에서 부러움과 놀림의 대상이었다. 늘 형처럼 잘 돌봐주는 도 상병은 입버릇처럼 놀려댔다. 최근엔 눈 때문에 육상 교통이

두절되어 보름마다 한 번씩 헬리콥터로 물자와 우편물을 수령했는데, 보름치 우편물 속에는 정 일병의 편지가 여덟 통씩 들어 있었다. 사회와 격리된 부대 안에서 가장 큰 즐거움은 친구나 애인에게서 온 편지를 읽는 일이었다. 바깥세상의 활력을 구구절절 가깝게 느낄 수 있는 유일한 창이었다. 텔레비전이나 신문은 부대 내에서도 볼 수 있었지만 사적인 정보를 제공받는 즐거움이 가장 컸다.

167번 전주를 통과할 무렵 오후 2시가 막 지났다. 점심식사를 못 한 탓에 힘겹게 한 발자국씩 옮기는 사람도 있었다. 점심식사는 따로 준비하지 않았다. 대개 진부령휴게소에 도착해서 적당히 해결했기 때문이다. 그런데 기온이 너무 낮아서인지 출발 후 얼마 지나지 않아 무전기의 작동이 멈추었다. 김 대위는 선두에게 더 천천히 가도록 지시했다. 무전이 불가능하므로 뒤에서 앞으로 지시 사항을 전달하거나 직접 소리를 질러 육성으로 통제해야 했다.

행정반의 문서 담당 계원으로 후리후리한 체격에 꽤나 잘생긴 정 일병은 벌써 많이 지친 모습이었다. 눌러쓴 방한모 위에는 눈이 수북이 쌓여 무거워 보였고, 바람의 반대편으로 고개를 돌린 채 힘겹게 발걸음을 옮기는 모습에서는 안쓰러움과 더불어 불안감마저 감돌았다. 정 일병 외에도 3명이 뒤로 쳐져 있었다.

김 대위는 선두를 불러 세웠다. 서 있을 때도 완전히 주저앉으면 체온이 떨어지므로 상체와 팔을 움직이도록 지시한 후, 덩치 좋고 덜 지친 병사 5명에게 송 소위를 포함한 뒤쳐진 장병 5명의 가방을 받아들고 가도록 했다. 아무리 건장한 사람이라도 오후 3시가 되도록 갈증 해소를 위해 눈만 집어 삼키고 다른 열량 섭취는 아무것도 못한 채 시종일관 푹푹 빠지는 눈길만 걷다가 군장 같은 가방 하나를 더 매는 것은 쉬운 일이 아니었다. 가방을 들어주는 5명에게는 고통을 나누며 함께 내려가려는 전우애와 갑자기 엄습한 개인적 힘겨움이 팽팽하게 저울질되고 있었다. 김 대위는 내려가는 것을 포기하고 부대로 복귀하는 것을 고려해 보았다. 혼자서 고민하던 김 대위는 송 소위를 불러서 의견을 물었다.

"중대장님, 지금은 어쩔 수 없을 듯합니다. 155번 전주가 보이니 절반에 조금 못 미친 듯합니다만 돌아가는 길은 오르막입니다. 올라가는 것보다는 내려가는 것이 더 쉬울 것 같습니다. 더군다나 무전기가 작동되지 않으니 부대에 연락할 방법도 없지 않습니까?"

송 소위의 의견을 듣고 김 대위는 달리 방법이 없다고 판단하여 그대로 내려가기로 했다. 대학에서 체육학과를 다니다가 입대한 도 상병의 발걸음이 비교적 가벼워 보여서 가장 지친 정 일병을 맡게 했다. 그리고 혼자서 겨우 내려갈 수 있을 만한 장병들을 선두로 보내고 여력이 있는 장병들과 지친 장병들을 짝을 지워 후미에 세운 후 김 대위는 맨 뒤에서 전열을 가다듬으며 따라

갔다.

　등산을 좋아하여 대청봉을 수차례나 오르내린 김 대위는 봉정암을 지나 소청봉을 오를 때나 희운각 대피소에서 급경사면을 따라 대청봉을 오를 때, 중간에 등산을 후회했다가도 대청봉 정상에서의 성취감과 그곳에서 내려다보이는 공룡능선과 천불동 계곡의 장관을 떠올리며 계속 올랐던 일을 기억했다. 그런 등산을 통해 훈련된 탓일까. 김 대위는 힘들긴 해도 뒤쳐진 사람들과 보조를 맞추면서 봉정암으로 가는 급경사보다는 덜 힘들다는 생각을 계속했다. 더구나 목적지는 돌아온 길을 굽어보며 절경을 즐길 대청봉이나 천불동계곡이 아니라 고향이나 집으로 가는 직행버스가 기다리고 있는 진부령고개였다. 그곳에서는 한 달 또는 1년 이상의 간절한 기다림이 환한 기쁨으로 바뀔 것이다.

　그런데 불길한 예감이 들었다. 60번 전주, 즉 3킬로미터를 남겨 놓은 지점에서 정 일병이 그로기 상태에 빠졌다. 만약 쓰러져서 일어나지 못하면 그를 일으켜 세워서 데려갈 사람이 없었다. 최악의 경우에는 그대로 동사할 수도 있었다. 지친 다른 네 명은 힘겹게나마 내려가고 있었다. 선두로 보낸 군수과 선임하사에게 내려가는 즉시 인근 부대에 연락하여 구조 요청을 하라고 지시했다. 그리고 하는 수 없이 김 대위는 도 상병과 함께 정 일병을 부축하며 걸었다. 한 명이 지나갈 수 있을 정도로만 뚫린 길을 셋이서 나란히 걷자니 부축한 두 사람은 푹푹 빠지는 신설(新雪)을 힘겹게 헤치며 나아가야 했다. 결국 정 일병의 무게와 눈의 깊이를 이기지 못해 세 사람은 얼마간 걷다가 힘없이 쓰러졌다. 잠시 숨을 돌린 후 김 대위는 정 일병을 살펴보았다.

"자, 힘이 들어도 가야지! 힘을 내라고!"

정 일병은 반응이 없었다. 몸에는 완전히 힘이 빠져 있었다.

"정 일병, 정 일병, 일어나 봐!"

도 상병의 목소리는 겁에 질려 있었다. 김 대위도 두려움을 느꼈지만 도 상병 앞이라 침착하게 정 일병을 일으켜 보았다. 눈을 보니 초점이 흐려져 있었다. 앞단추를 풀어 헤치고 가슴을 짚어 보니 심장 박동이 아주 약했다. 손목에서는 맥박이 잡히지 않았다. 숨소리도 거의 들리지 않는 듯했다. 김 대위는 장교 교육에서 배운 구급법으로 심장 마사지와 인공호흡을 시도했다. 도 상병에게 심장 마사지를 시키고 김 대위는 정 일병의 코를 막은 채 입으로 숨을 불어넣는 동작을 반복했다. 대퇴부의 동맥을 짚어 보았으나 여전히 맥박이 잡히지 않았다.

짧은 순간의 판단이었지만 김 대위는 더 이상의 노력이 무의미할 것이라 생각했다. 그러면서 식어 가는 몸을 데울 방법으로 소변을 입에 넣어 줄까도 고민했다. 하지만 금방 얼어 버릴 추위에 소변을 입에 뿌렸다가 행여 효과가 없을 경우 가는 영혼에게 결례가 될 수도 있다는 생각이 들자 그만두었다. 인솔자에 대한 문책이나 동료의 비난 같은 것들이 일순간 스치면서 죽음에 대한 두려움이 엄습했다.

"중대장님, 우리마저 여기서 죽을 수는 없잖습니까?"

흐느끼던 도 상병은 무서움에 떠는 표정과 몸짓으로 김 대위의 팔을 붙잡고 일어섰다. 감수성이 예민하고 부하들에 대한 책임 의식이 남다른 김 대위로서는 발걸음이 떨어지지 않았다. 하지만 당장 내려가야만 자신과 도 상병이 살 수 있을 거라는 냉철한 결정을 내렸다. 두 사람은 눈 속에 정 일병을 남겨두고 돌아서서 뚜벅뚜벅 걷기 시작했다. 뒤를 돌아보니 정 일병은 비스듬히 누워 다리를 뻗은 채 자고 있는 듯했다. 그 위에 눈이 펑펑 쏟아지고 있어서 얼마 지나지 않아 눈 속에 파묻힐 것 같았다.

겨우겨우 한 발자국씩 내딛는 두 사람은 지칠 대로 지쳐서 만약 쓰러지면 일어서지 못할 것처럼 위태로워 보였다. 기진맥진하다가 구조대를 만난 것은 한 시간가량이 지나서였다. 구조대는 진부령에 주둔하고 있는 같은 연대의 포병대대 병사들이었다. 그들은 전혀 지쳐 보이지 않았다. 김 대위는 구조대에게 정 일병이 쓰러져 있는 위치를 전주 번호로 알려 주었다.

"56번과 57번 전주 중간쯤……, 길에 누워 있어. 눈에 덮여…… 보이지 않을지도 모르지만 정 일병을 꼭 찾아 와야 돼."

숨이 가슴 위까지 턱턱 차오르는 김 대위는 겨우 말을 이었다. 김 대위와 도 상병이 구조대의 부축을 받아 진부령에 도착한 것은 30여 분이 지나서였다. 두 사람은 미리 내려온 동료들의 부축을 받아 가겟집 방으로 들어가서 벌렁 나자빠졌다. 도 상병은 기운이 남아 있는 듯 부축해 준 구조대 병사들에게 감사의 뜻으로 가게에 있는 담배 두 보루를 건네며 벅찬 가슴으로 껴안았다.

"고맙습니다! 제 생명을 구해 주셨습니다."

김 대위는 한참이 지나서야 제정신이 들었다. 도 상병의 모습이 어렴풋이 눈에 보이자 자신의 모습이 부끄러웠다. 하지만 그에게는 그보다 더 받아들이기 어려운 것이 남아 있었다. 진부령에 곧 도착할 정 일병의 죽음이었다.

난롯가에는 인근 병원에서 비상 연락을 받아 군용 구급차를 타고 급히 온 군의관이 있었다. 그는 석유난로 위에 물대야를 놓고 링거액 3병을 중탕하고 있었다. 따뜻한 수액이 필요할지 모를 환자를 기다리는 듯했다. 김 대위는 제발 정 일병에게 저 링거액이 필요하기를 참담한 심정으로 소원했다.

그렇지만 정 일병은 조금도 다급해 보이지 않는 구조대의 들것에 실려 내려왔다. 김 대위가 도착하고 1시간 30분이 지난 오후 8시경이었다. 날은 완전히 어두웠다. 하얀 국화꽃잎 같은 밤눈이 계속 내리고 있었다.

군의관은 들것이 바닥에 내려지자 검진을 시작했다. 정 일병은 눈이 반쯤 열린 채 초점이 없었다. 군의관은 양쪽 눈에 검안경을 비춰 보고 가슴에 청진기도 대 보았다. 그렇게 생명의 흔적을 찾던 군의관은 담담하게 입을 열었다.

"사망하고도 한참이 지났습니다."

군의관의 사망 선고가 있자, 이미 숨을 거두었으리라 생각하고 있던 모든 장병들이 눈앞에서 확정된 죽음에 목을 놓아 울었다. 그 울음에는 자기들만 살아남은 것에 대한 미안함과 죄책감이 배어 있었다.

먼저 내려온 송 소위는 인근 부대에 구조 요청은 했으나 향로봉의 본대에는 연락하지 못했다. 지휘 보고는 인솔 책임자인 김 대위가 해야 했던 것이다. 김 대위는 사건 경위를 머릿속에 정리했다. 사실 그대로 보고할 수밖에 없었다. 그리고 인솔자로서의 책임을 통감하며 사망 사건에 대한 문책을 이미 마음속으로 각오하고 있었다.

"대대장님, 면목이 없습니다. 하산 도중에 폭설로 인해 체력이 약한 정 일병이 그만 지쳐서 쓰러졌습니다. 결국은 사망하고 말았습니다."

작전 훈련 중이 아니라 휴가 중에 생긴 부하의 죽음이라서 김 대위는 더 큰 부담감과 자책감을 느꼈다. 휴가 중 사망이라서 정 일병의 가족을 볼 면목이 더욱 없었다.

정 일병의 시신은 사단 보수대에 안치되었고, 다음날 가족들이 고향에서 올라왔다. 대성통곡하는 가족들을 붙잡고 김 대위도 함께 울었다. 그치지 않는 울음소리 속에서 가족들이 사고 경위를 물었다. 김 대위는 어쩔 수 없었던 상황들에 대한 오해가 없도록 주의하면서 처음부터 자세히 설명했다.

김 대위의 마음속에는 굳은 신조가 있었다. 무슨 일을 하든 목표를 향해 꿋꿋하게 나아가지만 상황의 변화를 모두 예측할 수는 없기 때문에 변하는 상황마다 최선을 다하고 그것에 따르는 결과는 선이든 악이든 겸허하게 받아들이는 것이 옳다는 생각이었다.

그렇지만 가족들이 받아들여야 할 결과는 죽음뿐이었다. 김 대위는 정중히 가족들에게 위로의 말씀을 건넸다. 부모는 마음이 너그럽고 이해심이 깊은 사람들이었다. 정 일병의 아버지는 안타깝고 원통한 마음을 삭이며 거꾸로 김 대위를 위로했다.

"추운 전방 고지에서 나라를 지킨다고 수고가 많소. 내 아들, 귀하고 기대도 많이 해 왔지만 제 운명이 아니겠소."

그 모습을 옆에서 지켜보던 군의관(나)은 뜨거운 눈시울을 적시며 흘러내리는 눈물을 감추려 먼 산을 바라보았다. 여전히 온 세상은 하얀 눈꽃으로 덮여 있었다.

의학 전문 기자

군의관으로 근무할 때, 내무반에서 발생한 구타 사건으로 십이지장이 파열된 환자를 수술한 후 어느 신문사 기자인 보호자와 대화를 나눌 기회가 있었다. 그때까지는 신문이나 방송 쪽에서 활동하는 의사 출신의 기자가 하나도 없었다. 의사가 신문 기자로 일하는 것에 대해 그의 의견을 물어보았는데 상당히 중요한 역할을 할 수 있음을 깨달았다.

기자 시험은 경쟁률이 대단히 높고 우수한 인재들이 많이 지원한다는 사실을 알고 있었기에 일반 대학 출신과 경쟁하면 합격을 기대할 수가 없었다. 나는 고등학교 시절부터 의과대학 졸업 때까지도 하루 거르지 않고 읽어 온 C 신문의 본사 인사부장을 만나러 갔다. 미리 전화를 하여 기자 시험에 관한 나의 관심을 보인 후에 육군 대위 신분으로 면담 약속을 했던 것이다.

그는 그렇지 않아도 의학 전문 기자 채용의 필요성이 회사 내에서 제기되고 있다고 일러주었다. 나는 일정 요건을 갖췄다는 것이 검증되면 특별 채용이 가능한지 물었다. 특별 채용에 관한 규정이 없지만 고려해 보겠다는 답을 듣고 돌아왔다. 시험은 국어, 영어, 상식이었다. 시험장인 성균관대학교를 물어물어 찾아가 10명 내외 선발에 수천 명이 응시한 시험을 별반 준비도 없이 치렀다. 첫 교시의 국어 문제는 어느 정도 풀었으나 영어와 상식에서는 그저 막막하기만 했다. 기자의 길은 나와 인연이 없다고 생각하면서 시험장을 나왔다.

기자 시험을 본 이유는 의학 전문 기자가 되어 오보로 인해 생기는 의사와 환자 혹은 일반인 사이의 불신을 줄이고 싶었다. 전역하여 작은 수련 병원에 근무한 첫 해에, 기자 시험을 본 그 신문에 의학 분야 전문 기자를 특별 채용한다는 공고가 실렸다. 그래서 기자 시험에 한번 더 응시해 볼까 생각하며 며칠간 잠을 설쳤다.

전역하던 해에 외과에는 복강경 수술이라는 새로운 의료 영역이 막 소개되어 전 세계적으로 외과 의사들뿐 아니라 긴 흉터를 남기는 담낭 수술을 받아야 했던 환자들에게도 흥분을 일으켰다. 복강경 담낭 절제 수술을 부산에서 처음 시행한 후 복강경 수술

영역에 상당한 흥미를 느꼈다. 나는 외과 의사로서 해야 할 일이 있으리라는 생각을 하면서 기자의 길에 대한 미련을 버렸다.

그 후 의학 전문 기자들의 글을 읽으면서 이전보다는 좀 더 정제된 보도를 접할 수 있었지만 그들도 역시 의사보다는 기자 입장에서 글을 쓴다고 느껴졌다.

자연에서 배운 수술법

　외과 의사가 되어 지금까지 환자를 진료해 오면서 가장 빨리 적응하고 안정된 수술을 한 분야는 복강경 수술이다. 복강경 수술이 일반 외과 영역에 도입된 것은 세계적으로 1980년대 말이었다. 부산의 수련 병원에 근무할 때 산부인과 과장의 도움을 받아 부산에서 처음으로 복강경 담낭 절제 수술을 했다. 이후 충수 절제 수술, 비장 절제 수술, 부신 절제 수술 등 다양한 복강경 수술을 해 왔다.

　복강경 수술이란 복강을 열지 않고 지름 2~10밀리미터인 작은 관을 꽂아 그 안으로 내시경을 넣어 복강 안의 영상을 화면으로 보면서, 다른 작은 관으로 수술 기구를 넣어 환부를 찾아 수술을 하는 방법이다. 이 수술 방법의 장점은 무엇보다 절개로 인한 통증과 흉터를 최소화할 수 있다는 데 있다.

이 방법에서는 2차원의 화면을 보면서 3차원의 공간을 헤집으며 혈관을 결찰하고 조직을 자르기 때문에 눈과 손의 적절한 조화가 이루어져야 수술에 무리가 없다. 이 수술을 잘하기 위해서는 화면을 통한 공간 지각 능력이 있어야 하고 성격이 차분해야만 한다. 이 두 가지 기본에다 해부학적 구조를 잘 알 정도로 수술 경험이 많아야 한다. 보통의 다른 수술을 할 때에도 이 세 가지 요소는 마찬가지로 요구되지만, 복강경 수술의 경우에는 어느 하나라도 부족하면 수술을 하다가 갑갑증이 나서 기구를 던져 버리고 개복 수술로 바꾸기도 한다. 특히 심한 염증을 동반한 담석증이나 천공성 충수염 등 어려운 수술일수록 위의 세 가지 요소가 더욱 필수적이다.

나는 내가 이런 요소들을 완전하게 갖추고 있다고 생각하지는 않는다. 어느 정도 기본은 되므로 잘 적응해야 한다고 생각해 왔다. 가능하면 환자에게 고통을 적게 주면서 치료해야 한다는 신념을 가지고 있었기에 어려운 경우에도 안간힘을 써 가며 성공적으로 수술을 마칠 수 있었던 것이다.

■

복강경 수술을 할 때면 어렸을 때 농촌에서 보고 자란 일들을 연상하면서 하는 수술 동작들이 몇 가지 있다. 특히 수련의들을 가르칠 때 학습에 연상이 효율적이라고 생각하여 종종 그것들을 얘기한다.

첫째는 "누에가 뽕잎을 갉아 먹듯이"다. 간에 붙어 있는 담낭을 절제하는 수술에 있어, 끝이 누에머리처럼 생긴 전기 소작기로 조직을 박리할 때 적절한 주파수의 전기를 해당 조직에만 흘려야 한다. 너무 많은 조직에 끝을 파묻으면 조직이 익어 버리기만 하고 제대로 잘리지 않는다. 조직을 자르는 과정은 흡사 누에가 뽕잎을 적절한 양만큼 조금씩 갉아 먹듯이 진행해야 한다. 그래서 나는 봄가을로 집에서 누에 치는 일을 도우면서 했던 경험을 수련의들에게 늘어놓기도 한다.

"누에라는 것이 신기하단 말이야. 1주일 내내 쉴 새 없이 뽕잎을 먹다가 하루는 식음을 전폐하고 잠을 자는 식으로, '먹고 자고'를 네 번 반복한 생후 28일에야 그동안 먹은 것을 모두 실로 토해서 자기 집인 고치를 만드는 것이 여간 신기하지가 않아."

담석증 수술을 마치고 담낭을 잘라 보면 뽕나무 열매인 오디처럼 생긴 담석이 종종 발견된다. 외과 교과서에도 그런 담석을 오디 모양 담석증이라고 기술하고 있다.

둘째는 "오리가 물고기를 삼키듯이"다. 복강경 수술의 어려운 기법 중 하나는 출혈이 생겨 고인 핏덩어리를 빨아내는 일이다. 담낭염으로 출혈이 일어나는 경우가 적지 않다. 혈액이 응고

된 혈괴를 지름 5밀리미터 크기의 흡인 막대로 빨아 낼 때 그냥 조용히 대고 있기만 하면 혈괴가 달라붙어서 관이 막히기 십상이다. 이때는 물고기나 개구리를 낚아챈 오리가 그것을 상하좌우로 흔들면서 삼키는 자세로 해야 작은 막대 관으로 핏덩어리를 거침없이 흡인할 수 있다. 초보 수술자가 응고된 혈액을 흡인하기란 쉽지 않아서, 이 수술이 소개된 초창기에는 혈액 응고 방지제인 헤파린 용액을 미리 복강 안에 주입해 두라는 지침까지 있었다. 때때로 지혈에 곤란을 겪으면서도 말이다.

  셋째는 "풀숲에 숨어 있는 물고기를 손으로 잡듯이"다. 담낭을 기구로 잡아 꺼내는 일이다. 나는 복강경 담낭 절제 수술에 익숙해지자 지름 10밀리미터의 관을 지름 5밀리미터 관으로 대체했다. 즉 관의 굵기와 개수를 줄여 시술 방법을 바꾸었다. 그만큼 환자에게 상처를 적게 남기면서 수술할 수 있게 되었다. 세 개의 관을 이용할 경우, 마지막에 담낭을 꺼낼 때 문제가 된다. 담낭은 지름이 10밀리미터인 가장 큰 배꼽 부위의 구멍으로 꺼내야 하는데 그만 한 내시경을 집어넣을 다른 구멍이 없어서 곤란하다. 그래서 배꼽 부위로 내시경을 넣어 복강 안에서 기구 끝에 절제된 담낭을 살짝 걸쳐 고정시킨 후 내시경을 빼고 담낭을 볼 수 없는 상태에서 낚아채야 한다.

  이때는 보이지 않는 풀숲에 숨어 있을 물고기를 벌린 두 손으로 덮치듯이, 기구의 끝을 벌려 담낭에 다가가 꽉 잡아야 한다.

살며시 다가가 꽉 잡지 않으면 지름 10밀리미터인 투관침에 겨우 걸쳐 있던 담낭이 복강 안으로 떨어져 낭패를 보기 쉽다. 이것은 스스로 터득한 기술이다. 과학·기술로 말하자면 특허를 내도 될 만했다. 이 기법은 국제 저널인 《복강경 내시경 외과 학회지》에 실렸다.

일련의 이 수술 과정은 인내심이 없으면 안 된다. 인내심은 타고나는 것이기도 하지만 후천적으로 길러지는 것이기도 하다. 나는 어머니로부터 많은 인내심을 배웠다. 요즘 같으면 학교에서 돌아와 각종 과외 수업을 받거나 학원에 갔을 텐데, 비교적 많은 농사일을 가족 인력으로 꾸려야 했기 때문에 학교에서 돌아오자마자 책보자기를 던져 놓고 논이나 밭으로 가야 했다. 특히 여름방학 때에는 그 긴 이랑의 고추밭과 콩밭에 엎드려 땀을 줄줄 흘려가며 김을 맸다. 어머니는 항상 앞서 나아가고 나는 형과 동생과 더불어 뒤따라 갔는데, 때로는 지쳐서 큼직하게 자란 고추 포기 아래에서 쓰러져 자기도 했다. 이런 일들을 겪으며 엄청난 인내심을 배웠던 것이다. 그리고 농촌에서 자란 나는 농사일과 자연에서 본 것들을 첨단 의술 중 하나인 복강경 수술에 응용하게 되었다.

수술과 등산

나는 본업인 수술을 등산에 자주 비유한다. 낮은 산이면 작은 수술, 높은 산이면 큰 수술과 유사한 면이 많다. 충수 절제 수술이나 탈장 수술 혹은 담낭 절제 수술이면 동네 앞산을 오르는 정도다. 시간과 마음이 허락하면 특별한 준비도 없이 언제든지 오를 수 있다. 마음가짐과 걸리는 시간이 비슷하다.

위 절제 수술이나 대장 절제 수술은 팔공산 정도 된다. 폭포골에서 산등성이로 오르는 길은 위장의 대만곡에서 대망을 박리 절제해 나가는 것과 흡사하다. 날선바위는 없지만 병풍같이 동화사를 싸고 있는 능선을 따라 동봉을 향하여 계속 오르는 것은 위장 소만곡에서 총간동맥 주위의 림프절을 하나씩 박리하는 것과 같다. 바위의 오른쪽은 영천이요 왼쪽은 동화사다. 동화사를 부채 손잡이로 하면 부채끝이 팔공산의 능선이다. 위·십이지장 동맥을 기점으로 총간동맥이 노출될 정도로 림프절과 신경절을 조금씩 걷어 나가는 것은 부채끝인 바위 능선을 한 걸음씩 가는 것과 같다.

세심한 주의를 기울이지 않으면, 발을 헛디뎌 낭떠러지로 떨어지듯 수술에서도 출혈을 일으키거나 암세포가 전이된 림프절을 놓치기 쉽다. 동봉을 향하여 오르다 보면 주 등산로는 약간 비껴 있고 네모난 큰 바위에 사다리처럼 디딜 수 있는 홈이 서너 개 패여 있다. 그 홈을 딛고 올라서면 바위 한가운데에 디딜방아 호박돌에 패인 것과 같은 큰 홈이 나타난다. 지나가던 남정들은 여기에 몸속의 물을 두어 훕씩 비우고 잠시 쉬며 동화사와 멀리 대구 시가를 내려다본 후 다시 올라간다.

수술은 등산과 달리 잠시 땀을 닦으며 쉬어갈 수 있는 여유가 없다. 몸속에 지닌 물도 비울 수 없어서 꾹꾹 채워 둔다. 신기한 것은 6~8시간을 수술해도 그동안은 방광을 비우지 않아도 아무렇지 않다는 것이다. 하지만 수술이 끝나자마자 가장 먼저 하는 일은 방광을 비우는 것이다. 수술 중에는 노폐물을 땀으로 내보내 수술복을 흠뻑 적시는 것이 외과 의사의 생리 조절이다. 이후 동봉을 향해 마지막으로 올라가는 것은 좌위동맥을 자르고 자동봉합기로 위장을 적절한 선에서 자르는 일과 같다.

설악산 대청봉을 오르는 것은 간문부 담도암에 대한 간 절제 수술에 비유할 수 있다. 준비 기간에서도 비슷하다. 우선 막힌 담도의 상부에 바늘을 찔러 배액관을 넣고 담즙을 밖으로 빼낸 후 황달 상태에서 벗어나게 해야 한다. 왜냐하면 그동안 담즙에 찌들었던 간세포를 회생시켜야 수술이 가능하기 때문이다. 그러려면 1~2주, 때로는 한 달 정도의 준비 기간이 필요하다. 설악산 등산은 최소한 2박 3일은 되어야 제대로 할 수 있으므로, 약 한 달 전부터 준비하면서 각종 스케줄을 미리 이 일정에 맞추어야 차질이 없다.

모든 준비가 되었더라도 출발 전에, 수술했던 환자에게 문제가 생기거나 새로운 중환자가 발생하면 산행을 포기할 수밖에 없다. 2박의 산행을 계획한다는 것은 대학 병원 의사, 그것도 외과 의사로서는 불가능한 일이라고 늘 생각해 왔다. 극성 산행파 고등학교 동기들이 나의 미국 연수를 기념하는 환송 등반을 요청했고, 나도 함께 산을 오르고 싶어서 오월 중순 어느 주말을 산행일로 잡고 2개월 전부터 준비를 했다.

아무리 준비를 하더라도 계획한 당일이나 며칠 전에라도 중환자가 생기면 산행을 포기할 수밖에 없으므로 큰 수술은 되도록 산행 전후로 일정을 조정해 놓았다. 다행히 발목을 잡는 환자는 없었다. 금요일 오후에 8시간 동안 싫은 기색 없이 운전한 박 소장 덕분에 무사히 설악동에 닿았다. 자동차로 가는 도중에 일본

문인 미키 기요시의 『인생론 노트』 중 「여행에 관하여」라는 수필을 낭독했다.

여행을 한다는 것은 일상생활 환경으로부터 빠져나가는 것으로, 평소의 습관적인 관계를 피하는 것이다. 여행의 기쁨은 이와 같이 해방되는 기쁨이다. 여행은 모든 사람에게 많든 적든 표박(漂迫: 표류하여 떠내려 가다)의 감정을 품게 한다. 해방도 표박이며 탈출도 표박이다. 여기에 여행의 감정이 존재한다. 우리가 인생에 관하여 품게 되는 감정은 여행에 대해 가지는 감정과 상통한다. 우리는 어디에서 왔으며 어디로 가는 것일까? 이것이 항상 인생의 근본적인 수수께끼다. 인생은 미지의 것에 대한 표박인 것이다. 우리가 가는 곳은 죽음일 것이다. 그런데 죽음이란 무엇인지 아무도 명쾌히 답할 수 없다.

잠시나마 눈을 붙인 후, 부산에서 밤차로 올라온 친구들과 합류해 한계령에서 6시에 산행을 시작할 수 있었다. 한계령을 승합차로 오를 때 보이는 남설악의 풍경은 보고 또 보아도 싫지 않았다. 특히 칠형제봉과 토끼봉의 바위 그리고 바위 틈에 서 있는 소나무 들은 스카이라인을 절묘한 아름다움으로 장식했다. 30분 가량 급경사를 오르다가 7명의 일행은 각기 적절한 위치의 바위에 걸터앉아, 중국 문학을 하는 권 교수의 한시(漢詩)에 빠져 들었다. 그는 공책에 시를 적어 와 산중 한시 교실을 열었다.

橫看成嶺側成峰

遠近高低各不同

不識廬山眞面目

只緣身在此山中

가로 보니 고개가 되고 옆으로 보니 봉우리라

멀고 가까움, 높고 낮음이 각기 다르구나

여산의 진면목을 알지 못함은

단지 이 몸이 산중에 있기 때문이라

중원 여산 서림사의 벽에 써 놓았다는 송나라 소동파(蘇東派)의 시였다. 외모와 말투에서 중국인을 빼닮은 권 교수의 걸쭉한 재담은 새벽부터 이어졌는데, 산중에서의 한시 강의에는 진지함과 철학이 배어 있었다. 바둑에서 대국자에게 보이지 않는 수가 옆에서 지켜보는 사람에겐 더 잘 보일 수 있는 법이다.

한계령에서 출발하여 귀떼기청을 비껴 돌아 서북능에 닿은 후 끝청을 지나 중청과 대청을 오르는 산행길은 10여 년 전 군의관으로 원통에 살 때 겨울 내내 내린 눈이 쌓여 관목들이 모두 덮인 3월 초의 풍경을 연상시켰다. 서북능은 에베레스트를 떠올릴 만큼 눈천지였다.

우리는 기묘한 검회색 바위와 흰 눈 그리고 나무들이 이루는 입체 미술 대신 신록의 나무들과 만개한 봄꽃들의 축제를 감상할 수 있었다. 특히 맛있는 산나물로만 접했던 얼레지의 꽃은 새하얀 피부의 봄처녀 같은 수줍음과 하얀 살결로 카메라의 초점을 몇 번이고 고정시켰다.

간 절제 수술에서 가장 중요하고 힘든 작업은 간을 중간쯤 잘라 들어갔을 때 느티나무 가지만큼이나 많은 문맥 혈관과 침엽수 가지 같은 간정맥을 하나씩 끈기 있게 결찰하고 작은 혈관들은 전기로 소작(燒灼)하는 일이다. 서두르다가는 혈관을 터뜨리기 쉽다. 침엽수의 밑둥치 같은 간정맥의 근부(根部)를 마지막으로 자를 때까지 팽팽한 긴장과 일정한 페이스로 한 걸음씩 나아가야 한다. 마치 정상을 향해 서북능을 한 걸음씩 오르듯.

울퉁불퉁한 노면을 흰 눈이 메워서였을까, 나이가 젊어서였을까. 군의관 시절에는 대청까지 가는 길이 그리 힘들지 않았는데 이번 산행은 매우 힘들었다. 중청을 눈앞에 두고 조그만 능선에 앉아 멀리 펼쳐진 장엄한 설악준령들을 굽어보았다. 남설악의 대부 점봉산이 지리산처럼 묵직하게 버티고 있었고, 그 언저리에는 섬뜩하리만큼 깊은 주전골과 아름다운 오색 빛깔의 토끼봉과 칠형제봉 그리고 한계령의 굽이굽이 고갯길이 이어졌다. 서쪽으로는 안산과 대승령, 그리고 귀떼기청에서 지금까지 올라온 서북능이 장쾌하게 뻗어 있었다.

오른쪽으로 고개를 돌리자 험한 바위들이 꼬리에 꼬리를 물고

악어 이빨처럼 험상궂게 입을 벌린 내설악이 다가왔다. 그 중심에는 용 이빨처럼 솟은 용아장성이 있었고, 용 이빨의 근부(根部)가 소청 쪽에 닿은 바위틈에 봉정암이 걸려 있었다. 오른쪽으로 고개를 더 돌리니 공룡능선과 멀리 마등령이 보였고, 중청산장에서 대청까지 가파른 길을 많은 등산객들이 오르고 있었다. 영화 「사운드 오브 뮤직」의 마지막 장면을 연상케 했다.

이제 간정맥의 근부를 잘라 환부를 포함한 간엽을 잘라 내는 마지막 과정이 남았다. 중청산장에 머물다가 내려갈 수는 없었다. 산행은 어쩌면 정상을 밟고 내려오는 데 가장 큰 의미가 있지 않은가! 정상을 밟음으로써 모든 산하를 굽어볼 수 있다. 간절제 수술은 환부를 도려내는 일이다. 자르다가 그냥 둘 순 없었다. 4시간가량 다리를 끌기도 하면서 올라왔다. 마지막 남은 힘을 다하여 가파른 언덕을 올라 드디어 대청을 밟았다.

연휴라 많은 사람들이 정상까지 올라 '대청봉(大靑峰)' 입석 옆에서 사진 촬영 경쟁을 벌였다. 우리 일행은 도(道)를 넘어선 듯했다. 누구도 대청봉 입석을 중심으로 사진을 찍자고 제안하지 않았다. 그냥 그 주변에서 천화대와 공룡능선, 멀리 울산바위와 화채능, 그리고 천불동계곡을 넋을 잃고 내려다보다가 하산길로 접어들었다. 소청봉을 지나 희운각 대피소로 내려가는 길은 고통스러울 만큼 가팔랐다. 오른쪽 무릎에 무리의 신호가 와서 왼쪽 다리에 중심을 두고 때로는 양팔로 철삭(鐵索)을 짚어 가며 한 걸음씩 나아가 마침내 희운각에 이르렀다. 계곡의 차가운 물 두 컵은 지친 몸에 생기를 불어넣는 생명수(生命水)였다. 어릴 적 울타리 안에 깊은 우물을 판 후 할아버지가 물맛이 좋다고 붓글씨로 크게 생명수(生命水)라 써 붙여 놓았는데, 그 우물의 시원한 물맛이 생각났다.

천불동계곡은 가장 많이 이용되는 설악산 등산로 중 하나다. 가장 평범한 길이라는 생각에 약간은 가볍게 여기기도 했지만 그래도 역시 천불동계곡은 명계곡이다. 깎아지른 절벽 사이의 맑디 맑은 물은 '양폭'을 이루면서 유유히 흘렀다. 양폭산장에서 시큼 달짝지근한 도토리술로 갈증을 달랬던 탓일까, 아니면 12시간의 산행에서 누적된 피로 탓일까. 비선대까지가 어찌 그리 멀던지. 비선대에 닿으니 그래도 안도의 한숨을 쉬게 되었다. 다시는 이토록 힘든 대청봉 등산은 하지 않으리라 다짐했다.

그러나 "불식려산진면목 지연신재차산중(不識廬山眞面目 只緣身在此山中)"이라 하지 않았던가. 이 산중에 있으니 고통만 느껴지나, 산을 떠나 개미 쳇바퀴 도는 생활 속으로 돌아오면, 다리를 끌면서 한 걸음씩 내딛던 고통스런 등산이 위대한 자연과의 교감으로 그리워질 것이다.

고된 등산을 하고 일터로 돌아오면 사나흘간은 다리 근육통과 함께 아스라한 기쁨이 교차하듯이, 비슷한 정도의 시간이 걸리는 간문부 담도암 수술을 잘 마무리하고 수술실을 나서면, 젖어드는 피로감과 성취감으로 이후 며칠간은 등산 후의 근육통이 느껴지면서 가슴이 뛰었다.

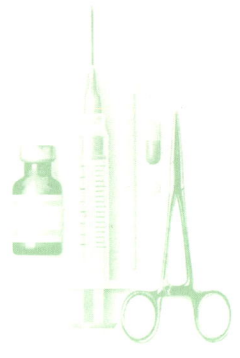

의사는 강자, 환자는 약자?

　지방 중소 병원에 근무할 때의 일이다. 병원을 찾는 사람들은 대부분 농촌 사람이거나 도시의 서민들이었다. 개중에는 순박하고 긍정적인 사고방식의 사람들이 있는가 하면, 남을 잘 믿지 못하고 고집이 강하고 부정적인 사람들도 있었다. 전자의 경우에는 정성껏 치료받아 회복되고 나면 집에서 기른 채소나 과일을 들고 오거나 손수 엿을 고아 비닐봉지에 싸서 전해 주기도 했다. 후자의 경우에는 소신껏 치료해도 자기 생각에 악화되었다고 판단되면 설명을 해도 듣지 않고 자기 주장만 강하게 내세웠다.
　가을의 어느 날, 음주 운전 중에 중앙선을 넘어 마주 오는 유조차와 정면충돌하여 응급실에 실려 온 중년 남자를 진료했다.

지금 돌아보면 상황 판단에 미흡한 면이 없지 않았지만, 그 당시의 판단으로 최선을 다했으나 환자가 결국 사망하고 말았다. 심한 간 파열과 간정맥 및 간 뒤쪽 하부 대정맥 열상으로 인한 출혈을 감당할 도리가 없었다. 수술 중에 찬물 두 컵을 들이키기도 하고 새벽 3시에 수술실에서 경험 많은 선배 교수와 통화도 하며 새벽 5시까지 사투를 벌였으나 실패하고 말았다.

화난 유족들은 거칠게 공격했지만 덤덤히 받아 삼켰다. 유족들은 "왜 죽을 것 같으면 더 큰 병원으로 후송하지 않았느냐.", "왜 수술이 지체되었느냐."는 등의 문책성 항의를 해 왔다. 수술을 결정한 시각은 밤 12시였다. 후송은 위험했다. 후송할 경우 더 많은 출혈이 일어날 수 있었다. 하지만 유족들은 파견지의 작은 병원에서 이렇게 중환자를 수술할 수 있느냐고 생각하는 것 같았다. 수술 지연으로 봤지만 초기에는 환자가 멀쩡했다. 시간이 지나면서 점차 나빠졌던 것이다. 응급 환자를 처치함에 있어서는 시간의 경과에 따라 그때그때의 판단으로 최선을 다해야 한다. 시간에 따라 판단은 바뀔 수도 있다.

음주 운전 중 중앙선 침범으로 인한 사고였기에 자기의 과실로 치명적인 손상을 입었다. 그러나 유족들은 잘만 치료했으면 살았을 텐데라는 아쉬움이 남아서 담당 의사를 계속 원망했다. 환자의 부인은 담당 의사였던 나를 경찰에 고소했다. 나는 피고소인이 되어 경찰서를 여러 번 오갔다. 경찰서를 들어설 때마다 다른 피고소인 혹은 범법자들과 나란히 앉아 조사관의 신문(訊問)에 답을 해야 했다. 심한 굴욕감을 느꼈지만 유족들의 마음을 달랠 방도가 없었기 때문에 참았다.

외상에 의한 간 파열의 의학적 의미, 해부학적 상태, 복부 단층촬영 소견, 수술 전 종합 판단에 따른 치료 방향의 결정, 수술 중 상황 등을 조사관에게 설명하기란 여간 어렵지 않았다. 검찰은 나의 진술을 토대로 대한의학협회에 복부 단층촬영 사진을 포한한 모든 진료 기록의 사본을 보내서 자문을 구했다. 그 회답은 나의 판단과 생각을 벗어나지 않았다. 무혐의로 처리되었다고 연락이 왔다. 그 후 병원에서 유족에게 적은 액수지만 위로금을 전했다.

■

다음해 2월 말에 또 다른 사건이 발생했다. 오른쪽 경부의 이하선 부근에 갑자기 자란 종괴 때문에 병원을 찾은 환자가 있었다. 경부 단층촬영 결과, 중심부가 괴사된 오른쪽 이하선 부위의 종괴로 여겨졌다. 염증성일 가능성이 높았으나 악성 종양일 가능성도 있었다.

환자에게 조직 검사를 해 봐야겠다고 설명하고 동의를 받아 검사를 진행했다. 종양의 중심부에서 심하게 괴사된 액체가 흘러나왔다. 바깥쪽 조직과 괴사된 액체를 수집하여 병리조직 검사 및 세균 검사를 의뢰하고 수술을 마쳤다. 조직 검사 결과를 기다리는 동안 상처 부위가 약간 더 부어올라 항생제와 소염제를 쓰면서 기다렸다. 약 1주일 후 검사 결과가 도착했다. "비특이적 상피 변형 소견"이라는 결과와 더불어 "재조직 검사가 요망됨"이라고 씌어 있었다. 이것은 종양이 악성일지도 모르니까 한 번 더 검사하라는 뜻이었다.

가족들은 큰 병원으로 가기를 원했다. 그래서 옮긴 대학 병원에서 조직 검사 결과가 전이성 후두암으로 나왔다. 그 대학 병원에서는 후두암이 경부로 전이되어 진행된 암에 대해 광범위한 후두절제술과 경부곽청술을 했는데, 환자는 수술에서 회복되지 못하고 보름 만에 사망했다. 며칠 후에 유족들이 나를 찾아왔다. 내가 오진했다면서 고소하겠다고 했다.

그 병원에서는 바늘로 검사했는데 나는 칼을 대서 검사했을뿐더러, 암인 걸 암이 아니라 했다고 몰아 세웠다. 나는 배운 대로 원칙에 따라 조직 검사를 했고 그 결과가 미흡하여 재검사를 권유했다고 설명했다. 다른 병원에서 조직 검사를 다시 하고 그것을 근거로 수술한 후에 사망했다면, 병이 지나치게 진행되어서이거나 수술에 따른 합병증 때문이지 일차 조직 검사를 담당한 나의 잘못은 아니었다.

얼마 후에 경찰에서 연락이 왔다. 또다시 피고소인으로 출두해 질문에 하나씩 답을 했다. 이 조사관 역시 조직 검사를 다른 병원에서처럼 바늘로 하지 않고 왜 칼로 했느냐고 물었다. 나는 환자의 상태를 고려하여 가장 적절한 검사 방법을 선택했다고 대답했다. 의사의 판단이나 행위를 법으로 강제하거나 제한한다면 의사가 적절한 조치를 취하는 데 많은 장해가 된다고 설명했다. 며칠 후에는 조사관이 아니라 검사에게서 호출이 왔다. 바쁜 진료 일정과 다른 선약 등을 이유로 몇 번 연기한 끝에 검사실로 찾아갔다. 검사도 업무가 많아 바쁘다는 얘기는 들었지만, 수십 분 동안 기다리고 나서야 검사실로 들어갔다. 나이는 나보다 몇 살 젊어 보였다.

그는 대뜸 "이 사건, 왜 합의 안 했죠?"라고 물었다. 나는 "합의라뇨? 뭘 합의하라는 말입니까?"라고 했다. 검사는 얼굴을 붉으락푸르락해 가며 두꺼운 조서를 건성으로 넘기면서 나를 힐끗힐끗 보았다. 검사인 자신 앞에서 고개를 숙이지 않고 "뭘 합의하라는 말입니까?"라고 되묻는 것이 어이없어 보이는 모양이었다. "그래, 사람이 죽었는데 잘못이 없어요?"라고 하기에, 나는 "사건 개요에 대한 기록을 검토해 보시고 하시는 얘기입니까?"라고 되물었다. 그는 "그래요, 기록을 다시 검토해 볼 테니 오늘은 이만 가시오. 다시 부르겠소."라고 했다. 검사는 사건 내용을 개략적으로는 알고 있었으나 정확하게 검토하지는 않은 듯했다. 나는 이왕 온 김에 몇 가지 더 얘기하겠다고 했다.

"의료 사고에 따른 시비가 비일비재한데 그 시비를 정확하고 바르게 가려 줘야 의료 행위가 왜곡되지 않습니다. 의사에게는 위급한 환자에 대해 가능한 모든 처치를 해야 할 의무와 사명이 있습니다. 그런데 대개 웬만한 노력으로 안 되겠다 싶으면 누명을 덮어쓰지 않기 위해 환자를 다른 병원으로 후송합니다. 환자는 이 병원 저 병원으로 옮겨 다니다가 사망하기도 합니다. 개중에는 빨리 손을 썼더라면 회생했을 환자도 있지요. 현재의 관행대로라면, 일단 의료 사고가 발생하면 잘잘못을 떠나 당장 다음 환자들을 진료하는 데 장애가 되므로 의사는 돈으로 유가족을 달래지요. 위급한 환자의 진료를 자처하는 개인 병원은 없습니다. 중소 종합 병원도 마찬가지죠. 이처럼 의료 사고가 발생했을 때 의사가 강자고 환자가 약자라는 논리로 법을 집행한다면, 즉 법은 약자 편이기 때문에 의사더러 무조건 유가족과 합의하라고 한다면 소신 진료는 있을 수 없습니다."

그 검사는 다시 나를 아래위로 훑어보더니 귀찮다는 듯 "의료 송사를 의학협회에 질의하면 가재는 게 편이라고 한결같이 두둔해 주는 자문 소견만 보내 옵니다. 의사가 잘못했다고 하는 것은 못 봤소. 어쨌거나 오늘은 가시오."라고 했다.

나보다 젊은 검사가 꾸짖듯이 내뱉는 말투에 유쾌하진 않았지만 더 이상 대꾸하지 않고 돌아 나왔다. 가을의 문턱에서 보도 위를 걸으며 자신을 돌아보았다. 혹 나이든 환자를 대할 때 저 검사처럼 오만하지 않았는지.

며칠 후에는 우리나라의 대기업 회장들이 줄줄이 대검찰청에 소환되는 모습이 연일 텔레비전에 비쳤다. 재벌 회장들도 법 앞에서는 꼬리를 내리는데, 나 같은 사람쯤이야 검사에게 우습게 보일 것이라고 생각했다.

한 달가량 지난 후, 재벌 회장들이 줄줄이 포승줄에 묶여 들어갈 때 한 장의 엽서가 배달되었다. 거기에는 "OOO 과실 치사 사건—무혐의 불기소 처리"라고 씌어 있었다.

나는 환자가 사고를 당하거나 암에 걸려 사경을 헤맬 때 의사가 할 수 있는 일은 배운 지식과 경험을 바탕으로 최선의 진료를 행하고 그 다음은 절대자의 뜻에 맡기는 것이라 믿는다.

의미 있는 삶

- 어느 담낭암 환자에게 부치는 편지

　담낭 안에 자란 혹을 발견하여 수술한 것이 지난해 5월이었지요. 간의 일부와 담낭과 담도 및 췌장 두부를 함께 절제하는 수술, 즉 간·담·췌·십이지장 절제라는 엄청나게 큰 수술을 했습니다. 수술 후 저는 온몸이 땀에 흠뻑 젖었지만 깊은 흥분과 기쁨이 감돌았습니다. 왜냐하면 암종이 완벽하게 제거되었다고 생각했기 때문입니다. 설악산 대청봉을 정복하고 하산한 기분이었습니다. 몸은 지쳐 있었지만 마음은 성취감으로 충만했다고 할까요. 저는 귀하가 회복만 되면 비교적 오랫동안 건강하게 사실 거라 믿었습니다.
　엄청난 수술, 특히 간과 췌장을 절제하는 수술 후에는 회복기에 무슨 일이 발생할지 모릅니다. 환자가 식사를 할 수 있을 때까지 외과 의사는 안심하지 못합니다. 아니나 다를까 수술 후 9일째에 췌장과 소장을 연결한 부위에서 소화액이 새더니 한밤중에 대량 출혈로 쇼크가 일어났습니다. 중환자실의 담당 의사와 방사선과 의사가 야밤에 불려나와 장간동맥 촬영으로 위·십이지장 동맥의 선단에서 출혈 부위를 확인하고 특수 코일로 막았습니다. 하지만 간동맥의 가지에 출혈이 있었기 때문에 간동맥도 함께 막을 수밖에 없었던 모양입니다. 가까스로 쇼크에서 회복되긴 했지만 동맥혈 공급 부족으로 간의 상당 부위가 괴사되었습니다.

그러나 생명 현상은 신기합니다. 간은 서서히 재생되고 췌장 누공도 막혀서 음식물을 섭취할 수 있었고, 오랫동안 입원하긴 했지만 건강을 되찾아 퇴원하셨지요. 그 후 고향도 둘러보고 만나고 싶었던 사람들도 만나며 얼굴에 다시 윤기가 도는 것을 보고 저는 무한히 기뻤습니다. 그렇게 계속 건강하시기를 바랐지만 오래가지는 못했지요.

아마 수술 후 9개월이 지나서였죠. 외래를 통하여 필요한 약 처방을 하고 추적 검사를 하는 동안 뭔가 이상한 느낌을 받았습니다. 종양 표지자 검사에서 CA19-9가 일정 시간을 두고 가파르게 상승했지요. CT 촬영에서도 간의 여러 군데에서 종양 재발 흔적을 볼 수 있었습니다. 그런데 검사상 소견과 달리 실제 모습은 훨씬 양호한 상태로 보였습니다. 약간의 상복부 통증을 호소하긴 했지만 식사도 그런대로 하셨고 무엇보다 안색이 좋았거든요.

병원에 오지 않고 따님을 통해 몇 차례 약만 타가시더니, 드디어 올 것이 왔습니다. 오늘 출근하자마자 입원자 명단을 살펴보니 귀하의 이름이 있었고 응급실을 통하여 입원했다는 보고를 받았습니다. 회진 때 얼굴을 보고 반가웠습니다. 물론 2팩의 수혈을 받고 영양제 주사를 맞은 후였지만 예상보다는 안색이 좋았습니다.

누군가 미래를 묻는다면 저는 "아무도 모릅니다."라고 할 것입니다. 요즘 저는 버스로 출퇴근을 합니다. 30분가량 버스 안에서 책을 읽기 위해서지요. 요즘 읽는 책은 『모리와 함께한 화요일』과 『뇌내 혁명』입니다. 『모리와 함께한 화요일』은 '근위축성 측색 경화증'이라는 병에 걸린 사회학 교수의 이야기입니다. 근위축성 측색 경화증은 팔다리 근육부터 마비되어 점점 몸통과 가슴까지 올라와 마지막으로 숨쉬는 근육마저 마비되어 결국 생을 마감하게 되는 병이지요. 영국의 유명한 천체물리학자 스티븐 호킹도 이 병에 걸려 있지요.

모리 교수는 마지막으로 숨쉴 때까지 사회학 교수로서 정말 중요한 것이 무엇인지를 말해 줍니다. 세상이 중요하다고 선전하는 무의미한 것들에 매달리는 대신 타인을 동정하고 공동체를 사랑하는 마음을 배우게 됩니다. 사는 것과 함께 나이 들어가는 것, 죽는 것을 소중히 여기는 마음도 배우게 됩니다.

저는 책상 위에 쌓아 둔 논문을 정리하고 마무리하는 것이 급할 때에는 퇴근 무렵에 가방에 넣어 가기도 합니다. 그러나 집에서 일을 펼쳐 들기란 여간 어려운 것이 아닙니다. 그런 바쁜 마음인데도 오늘 이런 글을 쓰는 것은 모리 교수의 가르침에 감동을 받아서입니다. 저는 지금 귀하를 생각하며 무엇으로 도움이 될 수 있을까를 고심하고 있습니다. 그러나 제가 안겨줄 선물은 별로 없습니다.

모리 교수는 이런 충고를 합니다. "의미 없는 생활을 하느라 바삐 뛰어다니는 사람들이 너무도 많아. 자기들이 중요하다고 생각하는 일을 하느라 분주할 때조차도 반은 자고 있는 것 같아. 그것은 그들이 엉뚱한 것을 쫓고 있기 때문이지. 자기의 인생을 의미 있게 살려면 자기를 사랑해 주는 사람들을 위해 바쳐야 하네. 자기가 속한 공동체에 헌신하고, 자신에게 의미와 목적을 주는 일을 창조하는 데 헌신해야 하네." 귀하는 제가 의사로서 무엇을 해야 하는지를 생각하게 해 준 분입니다.

저는 해답을 찾으려고 영어책도 보고 일본말을 공부하여 일본 소화기외과 책도 읽고, 과거에 수술하고 치료했던 환자들도 되새겨 보곤 합니다. 그러나 어느 책을 보아도 한계가 있다는 것을 구절구절에서 느낍니다. 아침 일찍 출근할 때는 연구실 책상 앞에 앉아 『성경』을 읽고 묵상을 하면서 그 해답이 의학 서적이 아닌 『성경』에 있지 않을까 생각해 보곤 합니다. 앞으로 어떻게 될 것 같냐고 물으신다면 저는 잘 모르겠습니다라고 답할 것입니다. 그러나 어차피 사람은 한번 태어나서 한번 살다 가는 것이지요. 세상의 빛을 보며 살아가시는 동안 항상 즐거움과 평안함이 함께 하기를 기원합니다.

일본 의사, 한국 의사

1992년 어느 날 간문부 담도암 수술에 관한 비디오테이프를 보았다. 그날 점심시간에 분도학당에는 학동(수련의)들이 모여 어느 의료 기구 회사에서 가져다 준 비디오테이프를 틀었다. 많이 진행된 간문부 담도암에 대한 수술로, 간 우엽의 후엽과 좌엽만 남기고 중앙부를 완전히 들어내는 과정이 눈앞에 펼쳐졌다. 나는 깜짝 놀랐다. '세상에, 저런 수술이 가능하다니.' 환자는 출혈도 별로 없었고 수술 후 2년간 살아 있었다. 나는 큰 감명을 받았다.

최 과장의 양해를 얻어 그 테이프를 복사하였는데, 화질이 좋지는 않았지만 집에 가서도 아내와 아이들의 찡그리는 눈을 피해 몇 번이고 다시 보았다. 그 수술의 집도의는 일본 나고야 대학의 유지 니무라 교수였다. 그래서 기회가 되면 나고야 대학을 방문하여 니무라 교수의 수술을 직접 볼 수 있기를 고대하였다. 그런데 그 테이프를 본 후 나의 진료 영역이 간·담도 외과와는 더 멀어져 갔다.

어떤 직장에서든지 자기가 원하는 부서보다는 다른 부서에서 시큰둥하게 일하게 되는 경우가 많다. 나는 간·담도 외과 대신 유방암 분야의 논문들을 뒤지며 그 기초 연구에도 관심을 갖게 되었다. 유방암 수술은 간단한 편이지만 치료 전략이 단순하지 않아서 그 병태생리학이 무척 복잡하고도 재미있음을 알게 되었다. 유방에 관심을 가지게 된 것은 최 과장 덕분이었다.

성분도병원에서 오랫동안 일한 최 과장은 외과 의사가 다루는 장기의 생리와 병리 및 치료에 대한 과거와 현재의 이론뿐만 아니라 주요 학문적 기초와 역사 그리고 특정 수술에 관련된 에피소드까지 훤하게 꿰뚫고 있었다. 그에게서는 누구보다도 깊고 넓은 지식을 엿볼 수 있었다. 최 과장의 조그만 외래 진료실 겸 연구실을 우리는 '분도학당' 이라 불렀다.

수술이 없는 날 점심시간이면 일여덟 명의 수련의와 젊은 과장 한두 명이 비좁은 방에 옹기종기 앉아 어김없이 외과 세비스톤 교과서와 일본 학회지 《소화기외과》를 포함한 각종 의학서를 초독(初讀)했다. 초독 내용에 관련된 지식을 수련의에게 물어서 대답을 잘하지 못하면 회초리로 손바닥을 때리기도 하여 '분도학당' 의 이미지를 더 단단히 하곤 하였다.

유방암 수술법의 변천 과정에 대한 강의를 듣고 관심을 가져 보니, 과거에 틀린 것이 현재에 옳고 현재 옳아 보이는 것이 나중에 틀린 것으로 판명되는 경우가 많음을 알게 되었다. 그래서 의학은 완성된 학문이 아니라 '변화 중인 학문' 이다. 유방에 관해 공부하면서도 간 · 담도 외과에 관심을 가져 복강경 수술을 해 왔다. 그래서 간 · 담도 수술은 언제나 관심 영역 안에 두고 매달 발행되는 의학 저널을 통해 최신 흐름을 따라갔다.

1993년도 아시아 태평양 암학회가 방콕에서 열렸을 때 나고야 대학에서 온 교수가 발표한 간문부 담도암의 연구 성과를 들었다. 그 성과는 미국 캘리포니아 대학에서 온 톰킨스 교수의 성과와 비교가 되지 않았다. 나는 이미 그 비디오테이프를 보았기 때문에 '음, 그럴 수 있겠군.' 하며 고개를 끄덕였지만, 다른 참가자들로부터는 비판성 질문이 있었다. 나는 그 발표를 마친 나고야 대학의 강사 사토시 콘도를 찾아가, 이미 수술 녹화 테이프를 보고 감탄했다고 하면서 나중에 직접 수술 참관을 해도 좋은지 물었다. 그는 "언제든지 환영한다."라고 했다.

■

수련한 동산병원에 복귀하면서 기대하지 않았던 간 · 담도 분야의 일을 하게 되었다. 그때부터 간문부 담도암에 관한 문헌들을 본격적으로 탐독했는데, 특히 나고야 대학의 니무라 교수가 쓴 논문들은 가능한 한 많이 읽으려고 했다. 1996년 말에 나는 부분 간 이식 술에 있어 가장 앞선 교토 대학 외과에서 1개월간 단기 연수를 했다. 성인의 왼쪽 간 일부를 떼어 선천성 담도 폐쇄증에 걸린 서너 살배기 아이에게 이식하는 부분 간 이식술은 당시에 가장 주목받는 이슈였다.

교토 대학에서 이식 면역 외과의 이식 수술과, 제2외과의 간암에 대한 간 절제 수술을 보던 어느 날, 의국 게시판에서 간·담·췌장 외과 미니 국제 심포지엄이 나고야에서 열린다는 공고를 보았다. 물론 개최자는 나고야 대학의 니무라 교수였다. 예정된 날에 나는 신칸센을 타고 나고야에 갔다. 그 심포지엄이 끝난 뒤 니무라 교수에게 간문부 담도암 수술을 한번 참관할 수 있겠느냐고 물었다.

그는 외국에서 온 다른 손님들은 저녁에 만찬장에서 만날 예정이므로 나에게 외과 의국까지 직접 안내하며 미리 구경시켜 주겠다고 했다. 그러면서 손수 운전하는 도요타 승용차에 나를 태우고 자기 연구실로 향했다. 평소 니무라 교수의 영어가 그 세대의 다른 일본 의사들에 비하여 상당히 부드럽다고 생각했는데, 승용차 시동을 켜자마자 자동으로 영어 회화가 카오디오에서 흘러나왔다. 탁월한 능력을 가진 사람은 누구나 나름대로 피나는 노력을 한다.

심포지엄이 끝나고 사흘 후에 간문부 담도암 수술이 있을 예정이었다. 그날 저녁엔 교토로 돌아와서 자고 수술이 예정된 날 다시 신칸센을 타고 나고야 대학 병원으로 갔다. 그 수술은 한 달에 한 번 정도 있었고 나는 사흘 후에 귀국해야 했으므로 대단한 행운을 얻은 셈이다.

나고야 대학 병원은 동산병원만큼 오래된 데다 수술실이 작고 복도가 어두워 볼품없었다. 그러나 장비들은 비교적 고급이었고 마취 감시 기구도 최신식으로 잘 갖추어져 있었다. 이 수술실은 후세에도 길이 인용될, 간문부 담도암 수술의 초석이 된 논문이 탄생한 현장이었다. 시설과 환경 탓은 하지 말고 그것들을 잘 운용하면 탁월한 목표에 도달할 수 있다는 생각을 했다. 그날 나고야의 인근 병원에 근무하는 의국 출신 외과 의사들이 자기 일을 제쳐놓고 달려와 수술을 도왔다.

사진을 찍고 적출물 병리 검사도 도와 주고 수술 그림도 자세히 그려서 잔칫날 기분이었다. 아침 9시에 시작된 수술이 저녁 8시쯤에 끝났다. 큰 무리 없이 수술이 무사히 끝난 것을 보고 감탄했다. 특유의 차분한 성격에다 인자한 미소의 니무라 교수는 수술 중에도 여전히 조용하고 민첩했다.

저녁 9시에는 모든 의국원들이 회의실에 모였다. 그날의 수술을 방사선 사진부터 수술 과정 및 병리조직 검사까지 각각 담당했던 의사들이 하나씩 설명하며 더 자세히 기록하는 술후 집담회가 계속되었다. 보통 밤 11~12시가 되어야 끝난다고 했다. 하지만 교토로 돌아갈 신칸센의 출발 시간이 10시여서 서둘러 나서야 했다. 바깥에는 비가 주룩주룩 내리고 있었다. 부교수 나기노는 우산을 씌워 주며 바깥까지 나와서 작별 인사를 했다. 나는 소나기가 쏟아지는 나고야 대학 병원을 나와서 전철을 타고 기차역으로 갔다. 신칸센에 올라 교토로 돌아와서는 서늘한 숙소에서 쓰러져 잤다.

■

우리 병원은 어떻게 된 일인지 간문부 담도암 환자가 일본보다 더 많은 것 같았다. 그동안은 수술을 적극적으로 하지 않고 담관 배액이나 삽관 정도만 해 왔다. 병원으로 돌아와 간문부 담도암 수술을 위해 여러 각도로 준비를 했다. 방사선과에 협조를 구하여 문맥 색전술이 가능하도록 했고 막힌 담도마다 관을 넣어 담즙을 배액하며 해부학적인 구조를 더 명확히 해 두려고 했다.

어느 날 간문부 담도암 3기인 환자를 담당하게 되었다. 그는 오른쪽이 더 많이 침범된 간문부 담도암 환자여서 오른쪽 문맥 색전술을 하고 남는 왼쪽 간을 크게 하는 방법을 포함한 수술 준비를 했다. 간 혈관의 흐름을 파악하기 위하여 동맥 촬영술도 하고 몇 차례 담도 조영술도 하여 암의 침범 부위를 정확히 파악하려 노력했다. 황달이 개선되기까지 약 2개월의 준비 기간을 거쳐 수술 날짜를 잡았다. 그전에도 그랬지만 무슨 수술이든지 철저히 준비를 하고 수술 전날 꿈까지 꾸더라도 막상 수술에 임하면 의외로 싱겁게 끝나는 경우가 많았다. 이날도 간문맥에 암의 침윤이 있지 않을까, 절제 면에 종양이 남지는 않을까, 출혈은 많지 않을까 등등을 우려했는데 모든 산을 넘어 무사히 10시간의 수술을 마무리할 수 있었다. 나고야 대학에서 말하는 평균 11시간보다 수술 시간을 1시간가량 앞당겼다.

■

일본에 머물면서 하루는 안내원이 영어로 말하는 일일 관광을 한 적이 있다. 나이가 일흔 가까이 된 관광 안내원 할머니는 버스로 이동할 때 관광객들에게 일본의 역사나 문화, 사회 등에 관해 재미있게 설명해 주었다. 안내원은 일본인의 평균 수명이 세계 최고라고 자랑했다. 사실 일본인의 평균 수명은 80세가 넘어 세계 최고이다.

안내원은 그 첫 번째 비결이 소식(小食, 적게 먹는 것)이라고 했다. 우리나라에서는 비만으로 몸을 뒤뚱거리며 걷는 사람을 흔히 볼 수 있지만 교토 주변에서는 그런 사람을 본 기억이 없다. 그 다음 비결은 충분한 수면과 규칙적인 생활습관이고, 서너 번째로 꼽히는 비결은 바로 '좋은 의사'라고 했다. 이 대목에서 나는 긴장감과 함께 부끄러움을 감출 수가 없었다. 우리나라 국민들의 수명도 과거에 비해 대단히 늘어났다. 하지만 우리나라 관광 안내원도 이처럼 국민 수명 향상에 관해 얘기하면서 그 비결로 좋은 의사를 자랑하며 설명을 늘어놓을 수 있을까.

아니라고 생각했다. 의사를 향한 언론과 국민의 비난에 더 익숙해 있기 때문이다. 나는 일본 의사들이 질병을 다루는 탁월한 솜씨와 진지함에 대해 알고 있다. 일본 의사들은 밤늦게까지 그 날의 자료를 정리하고 되새겨 다음 수술이나 치료를 더 잘하기 위한 준비를 한다. 일본 환자는 의사가 설명하면 전적으로 믿으며, 수술 후에 뒤탈이 생겨도 최고로 신뢰하는 의사가 최선을 다했기에 대부분 그것은 운명으로 받아들인다고 한다.

나중에 웃지 못할 에피소드를 들었다. 서울에 사는 어느 부자가 수술을 받기 위해 간문부 담도암 수술에 있어 세계 최고로 알려진 나고야 대학에 갔다. 하지만 불행히도 그는 수술 후에 합병증으로 사망하고 말았다. 그러자 유족들이 병원에서 소리를 지르고 기물을 부수며 난리를 피웠다. 우리나라의 간 이식과 간암 관련 수술 수준은 최근에 급성장하여 세계 최고를 자랑하지만, 일반 국민들은 아직 잘 모르고 있는 듯하다.

리히텐슈타인을 찾아서

　부산에 살 때였다. 어느 날 아침, 아파트 경비원이 출근하는 나를 불러 세웠다. 그는 자신의 국부를 가리키며 "여기 오른쪽 거시기 근처에 불룩 튀어나온 것이 있는데 한번 봐 주시겠습니까?"라고 했다. 경비실 안쪽으로 들어가 바지를 내려서 살펴보니 한눈에 오른쪽 서혜부 탈장임을 알 수 있었다. 수술하면 괜찮다고 설명한 후 날짜를 잡아서 수술을 받도록 했다. 그날 출근길에 그는 내 차로 병원에 가서 수술을 받고 며칠 후에 퇴원하였다.
　얼마간 병가를 다녀온 그는 다시 근무를 시작했는데 출퇴근길에 볼 때마다 불러서 "과장님, 수술한 자리가 계속 아픕니다. 뭔가 잘못된 건 아닐까요?"라고 하며 좀 불평스런 어조로 묻곤 했다. 다시 보아도 잘못된 것 같지는 않았다. 한 달쯤 지나서 나는 근무지를 옮기게 되어 다시는 그를 만나지 못했다. 그런데 내가 이사한 날까지 조금씩 좋아지기는 했지만 계속 통증을 호소했었다.

탈장 수술을 할 때 외과 의사는 늘 "이거 재발하면 안 되는데."라는 마음으로 임한다. 그래서 그를 수술했을 때도 재발을 막는 데 역점을 두고 탈장 부위를 꽁꽁 당겨 맸던 것 같다. 그전에 수술한 사람도 그처럼 수술 후에 아팠을지 모른다는 생각이 들어 개운치 않았다.

이때를 즈음하여 새로운 탈장 수술 기법이 의학 저널에 발표되기 시작했다. 지금 다시 보아도 1993년판 《북미 수술 클리닉》은 탈장 수술을 공부하는 데 매우 좋은 지침서라고 생각한다. 이 책에 나오는 여러 가지 방법 중 리히텐슈타인 탈장 연구소의 무긴장 탈장 교정술이 가장 주목을 끌었다. 기존의 방법으로는 재발률이 10퍼센트 전후였지만, 이 수술법은 고질적인 재발률을 1퍼센트 이하로 끌어내렸다. 또한 통증이 적고 부분 마취로 수술이 가능하다는 것이 장점이다.

그 수술 지침서를 보면서 5명의 환자에게 시도해 보았다. 하지만 비슷하게는 되는데 시술 후에 늘 마음이 편하지 않았다. 저널에 기록된 저자의 주소를 찾아 리히텐슈타인 탈장 연구소에서 수술 참관을 할 수 있을지 묻는 편지를 썼다. 그때까지만 해도 그 연구소가 미국에 있는지 유럽에 있는지조차 몰랐다. '리히텐슈타인'이라는 조그만 나라가 스위스와 오스트리아 사이에 있다는 것을 얼마 전에 알았기 때문이다.

학회 발표차 미국에 가서 로스앤젤레스의 리히텐슈타인 탈장 연구소를 방문했다. 주소를 들고 찾아간 그곳은 영화배우들이 사는 비버리힐스의 선셋 거리에 위치하고 있었다. 저널에는 3명의 외과 의사가 일하고 있는 것으로 나왔는데 리히텐슈타인 박사와 다른 1명은 건강이 좋지 않아 활동을 하지 않고 남자 비서 혼자서 사무실을 지키고 있었다. 가장 활동적인 아미드 박사는 내가 꼭 올 것이라 믿었다고 했다. 그는 다음날 아침에 수술이 예정되어 있는 병원을 안내해 주었다. 우리나라의 개인 병원에 해당하는 그곳은 단지 사무실이었고 수술은 올림픽 대로에 있는 미드웨이 병원에서 했다.

아미드 박사는 동양에서 온 객(客)을 반갑고 친절하게 대하며 자세히 설명해 주었다. 마침 미국 동부 필라델피아의 제퍼슨 대학 병원에 근무하는 내 또래의 외과 의사 밀러 씨도 그 수술을 견학하기 위하여 이틀 일정을 잡고 와 있었다. 그도 나를 따뜻하게 대해 주었다.

수술은 예정된 시간에 시작되어 매우 신속하게 진행되었다. 수술 조수는 미드웨이 병원에 고용된 의사였는데 손발이 척척 맞았다. 같은 수술만 3,000번 이상 했으니 그럴 만도 했다. 30여 분간 진행된 그 수술을 지켜본 동양인에게 떠오른 문구는 "백 번 듣는 것이 한 번 보는 것만 못하다(百聞不如一見)."였다.

2건의 탈장 수술을 연이어 보니 더 이상 볼 필요가 없었다. 필라델피아에서 온 밀러 씨도 같은 생각이었다. 그러나 예의상 다음날도 한 번 더 보겠다는 약속을 하고 점심시간이 되어 같이 병원을 빠져나왔다.

그는 미국에 살면서도 서부에는 처음이라고 했다. 비행기로 5시간을 날아왔기 때문에 같은 미국 땅이지만 생소하다고 했다. 우리는 중국 음식점을 찾아가 같이 식사하며 재미있는 대화를 나누었다. 그의 아버지도 같은 대학 병원에서 심장 외과 의사로 일하고 있었다. 외국 사람들을 많이 접해 보지 않은 때였지만 그는 매우 순수한 성품을 지닌 듯했다. 비버리힐스에도 함께 가서, 영화배우들이 무개차를 타고 달리고 저택들이 이어져 있는 거리를 걸었다. 그는 늘어선 야자나무를 보며 감탄했다. 동부에서는 볼 수 없는 풍경이라고 했다.

그는 '여기는 미국 땅'이라고 하면서 함께한 이틀 동안 택시요금과 점심 식사비를 혼자서 다 냈다. 내가 내려고 해도 극구 만류했다. 미국에도 우리나라처럼 "내가 낸다!"라는 문화가 있음을 보고 놀랐다.

아미드 박사는 이튿날 수술을 마친 후 내게 사무실로 다시 들러 달라고 했다. 그래서 약속 시간에 찾아갔다. 그가 방문자와 기념사진을 찍고 싶다고 하여 이런저런 포즈로 즐겁게 사진 몇 장을 찍었다. 또한 자신의 수술 과정을 담은 비디오테이프와, 그동안 해온 수술에 관련된 데이터와 실험 연구 결과를 모아 발표한 여러 문헌들도 챙겨 주었다. 기업에서는 신기술을 개발하면 특허권 문제로 철저한 보안을 유지하는 것이 보통이지만, 지금까지 만난 대부분의 외과 의사들은 자신의 특수한 기술을 주의 사항까지 챙겨 가며 자세히 가르쳐 주었다.

리히텐슈타인 탈장 연구소에서 수술 견학을 마친 후 시더스 사이나이 병원의 복강경 수술 센터로 갔다. 미리 편지로 미팅 약속을 한 샤피로 박사를 만나기 위해서였다. 여기서는 복강경을 이용한 탈장 수술도 견학하였다. 한국의 외과 의사들뿐만 아니라 미국의 외과 의사들도 대부분 복강경을 이용한 탈장 수술을 별로 탐탁지 않게 여긴다. 나도 마찬가지였다. 그러나 여기서 경험한 복막 전방부 접근법을 통한 복강경 탈장 교정 수술은 가히 예술이라 할 정도였으며, 해부학적 구조를 변형시키지 않고 후복벽을 재건하는 기술이 놀라웠다.

귀국한 후 리히텐슈타인 연구소에서 본 수술법을 그대로 적용하여 거의 비슷한 수준으로 수술할 수 있어서 기분이 날아갈 듯하였다. 뿐만 아니라 양측 서혜부 탈장 환자도 복강경으로 아주 쉽게 수술하여 나 스스로에 대해 놀랐다. 그리고 환자가 수술 다음날 퇴원하면서 정말 수술을 하기는 했느냐고 물어서 다시 한번 놀랐다. 하지만 이 복강경 수술에 이용되는 소모품들이 의료보험 적용이 되지 않아 5명 정도 수술한 후 그만두었다. 대신 간편하고 재발률이 낮은 리히텐슈타인 방법으로 수술을 계속하여 나중에 결과를 학회에 발표했다.

　이 수술법을 익힌 다음부터 많은 탈장 환자들의 통증과 재발률을 줄여 주었지만, 막상 나를 로스앤젤레스까지 가게 만든 그 아파트 경비원에게는 고맙다는 인사말도 전하지 못했다.

신세계 탐방

듀크에 안착하다

　듀크 대학이 있는 노스캐롤라이나 주는 미국 동남부에 위치하여 날씨가 무덥고 강수량이 많아 농업이 번성한 지역이다. 듀크 가문은 담배 농사가 주종인 이 지역에서 담배를 사들이는 수집상을 하면서 담배 회사를 차려 돈을 벌고, 나중에는 작은 수력 발전소에서 생산한 전기를 모아서 각 가정에 공급해 주는 '듀크 파워'라는 큰 전기 회사를 설립하여 남북 캐롤라이나의 전기 공급을 장악했다.
　상당한 재력을 쌓은 듀크 가문에서 부(富)를 사회에 환원하고자 교육 사업을 시작하면서 세운 학교가 바로 듀크 대학이다. 듀크 대학이 있는 '더럼'이라는 곳은 우리나라로 말하자면 대도시에서 아주 멀리 떨어진 면 소재지 정도에 해당하는 농촌 지역이다. 1920년대 중반 듀크 회사의 창립자인 워싱턴 듀크는 부를 교육 사업을 통해 사회에 환원하려는 자신의 뜻을 친구에게 설명했다. 그는 친구로부터 넓은 숲을 기증받았다. 그래서 숲 속 언덕 지역의 중심에 '듀크 채플'이라는 예배당을 맨 먼저 자리 잡은 후 학교 건물들을 하나씩 지어 나갔다.

목사, 법관, 교육자, 의사라는 네 부류를 사회에서 가장 중요한 지도자 그룹으로 여겨 이 분야의 인재를 양성하는 데 특별히 역점을 두었다고 설립 취지에 기록되어 있었다. 따라서 가장 중요하게 여긴 단과 대학은 신학대학, 법과대학, 문과대학, 의과대학이었다. 북부의 뉴욕이나 보스턴에 비해 여러 모로 뒤져 있는 볼티모어 남부부터 플로리다에 이르는 넓은 지역에서 사회 지도자들을 양성하는 것이 이 대학의 목표였다. 그래서 지금까지도 듀크 대학에서는 이 네 단과 대학이 아주 유명하다.

그것은 듀크 대학의 설립 목적이 어느 정도 달성되었기 때문이다. 이 대학 출신자들은 원래 교육 목표였던 미국 남부 지역의 지도자를 넘어 미국 전역과 세계적인 지도자로 활동하고 있다. 워터게이트 사건으로 불명예스럽게 퇴진한 닉슨 대통령과 클린턴 대통령을 집요하게 걸고 넘어졌던 스타 검사가 이곳 법대 출신이며, 유명한 의사와 의학 연구가는 수없이 많다. 의과대학과 의료 센터는 캠퍼스의 반 이상을 차지할뿐더러 대학 명성의 중심에서 각종 연구와 진료를 선도하고 있음을 이곳에 머물면서 알게 되었다. 요즘은 동부 지역 대학 연합 리그에서 매년 선두를 달리는 농구가 더 유명할지도 모르겠다.

근무하던 계명대학교 의과대학의 도서관에서 어느 날 의학 저널을 뒤지다가 거기에 실린 광고를 보고 간 이식 분야의 국제 교류 연구원 모집에 응모하여 선발된 나로서는 듀크 대학 병원에 대한 사전 지식이 별로 없었다. 미국에서 진료나 연구에 있어 앞서가는 대학이라는 정도만 알았는데, 막상 와서 보니 조그만 전원도시 속에 온통 숲으로 둘러싸여 있을뿐더러 최고의 시설과 연구 환경을 갖춘 병원과 연구동에서 공부할 수 있다는 것에 안도감과 자부심을 느꼈다.

근처에는 한국 유학생이 많고 미국에서 가장 오래된 200년 전통의 노스캐롤라이나 주립 대학이 더럼보다 작고 10킬로미터가량 떨어진 인구 3만의 '채플 힐'에 자리 잡고 있다. 주도인 '랠리'는 15킬로미터 정도 떨어져 있다. 이 작은 도시들을 삼각으로 그은 지역에는 '연구 삼각 지대'라고 불리는, 우리나라로 말하자면 대전의 대덕 연구 단지 같은 곳이 있다. 여기에는 인근의 명문 대학과 연계하여 생명과학 벤처 산업 단지가 들어서 있다. IBM을 비롯해 세계적인 제약 회사인 글락소 스미스 클라인, 미국 환경청, 통계 프로그램으로 대표되는 SAS 연구 단지도 이곳에 있다.

인구가 많이 늘어 17만여 명이 살고 있는 더럼은 높은 산이 없고 아름드리나무 숲에 파묻혀 있다. 그래서 시가지 전체 풍경을 볼 수 있는 데라고는 듀크 예배당과 11층짜리 병원 등 몇 곳이 되지 않는다. 두더지가 자기가 파놓은 굴로만 기어 다니듯 단조로운 길만 오가야 하기 때문에 어쩌면 답답한 시골 도시다. 그래도 아파트 임대료와 물가가 비교적 싼 편이고 교통 혼잡이나 공기 오염이 전혀 없다. 이런 차분한 시골에 안착하여 간 수술과 간 이식을 포함한 간에 대한 임상 연구를 하게 되었다.

볼티모어에 있는 존스 홉킨스 의과대학은 근대 의학의 역사를 일구어 온 대학으로 알려져 있다. 로베르트 코흐가 세균을 발견한 이후 소독에 대한 개념이 등장하였다. 그리고 약 100년 전에 탁월한 외과 의사 윌리엄 홀스테드는 처음으로 소독된 수술 장갑을 사용하고 유방암 수술도 최초로 하는 등 각종 수술에 대한 기초를 확립하였다. 수련의 제도를 처음으로 시행하는 등 최고의 의학 연구를 이끌어 온 존스 홉킨스 의과대학으로부터 우수한 교수들을 유치하고 적극 지원해 온 듀크 대학은 급속한 성장을 거듭했다. 세계적으로 의과대학 교과서로 가장 많이 읽히는 외과학 교재 『Textbook of Surgery』의 저자 새비스톤 교수도 존스 홉킨스 출신이다. 그는 듀크 대학 외과 주임 교수로서 30년간 많은 업적을 남겼다.

우리나라에는 서울에 가장 유명하고 시설이 좋은 대학 병원이 있지만 미국은 다르다. 중동의 왕족들이나 석유 부자들이 전용 비행기를 타고 진료받으러 가는 곳은 춥기로 유명한 북부 미네소타에 위치한 인구 8만의 작은 도시 로체스터에 있는 '메이요 클리닉'이다. 이 병원은 1800년대 말 시골 벌판에 외과 의사인 메이요 형제가 최고의 진료와 의학 연구를 목표로 세웠다. 그 후 많은 독지가들이 헌납한 기금으로 병원과 연구 시설을 확장하여 미국 최고의 병원 반열에 올랐다. 듀크 대학 병원도 중동의 부자들이 진료받으러 오는 곳이기 때문에 아랍어 전문 통역사가 여러 명 상주하고 있다.

미국의 정치 체계는 우리와 비교할 수 없을 정도로 안정적이어서 국무장관을 포함한 각료들의 임기는 특별한 일이 없는 한 대통령의 임기와 함께하여 임기 동안 소신껏 업무를 수행할 수 있다. 만약 시행착오가 있으면 그것을 거울삼아 개선책을 마련한다. 우리나라에서는 어떤 사고가 일어나거나 정책 실패가 있으면 즉각 갈아 치우는 것이 당연하게 여겨진다. 듀크 대학의 총장이나 외과 과장의 임기를 보면 보통은 10년, 길면 30년 이상임을 알 수 있다. 능력을 인정하여 어떤 자리에 임명했으면 마스터플랜을 가지고 지속적으로 일할 기회도 부여한다.

이들에게 가장 부러운 것 중의 하나는 개인이나 회사의 부(富)

를 사회나 공익 단체 혹은 교육 기관에 기부하여 사회에 환원하는 것이 일반화되어 있다는 점이다. 메이요 클리닉과 듀크 대학 병원 그리고 텍사스의 엠디 앤더슨 암 센터는 기업가의 건전한 취지하에 설립되어 지금은 초기와 비교되지 않을 정도의 규모와 시설을 갖추고 있다. 이것은 그 기관의 최고경영인이 지속적인 기부 운동을 벌이고 적든 많든 자발적으로 대학과 병원에 기금을 헌납하여 발전을 거듭해 왔기 때문이다. 큰돈을 벌어 자식 교육에 아낌없이 투자하고 남으면 후손들에게 유산으로 길이길이 물려주거나, 사립 학원 또는 병원을 만들어 세금 납부를 줄이려는 우리나라의 풍토와는 대조적이다. 대학 내의 특별 연구소에서 연구 기금을 모금하기 위해 걷기 대회나 마라톤 등을 열어 시민들의 자발적인 협조를 얻는 것도 인상적이다.

지도 교수 클라비엔은 스위스 출신의 외과 의사로 간암과 간이식에 열정을 가진 비교적 젊은 의사였으며, 특히 실험 연구에 관심을 많이 가지고 있었다. 간 수술이나 연구에 관련된 그의 논문과 책은 우리나라에서도 몇 편 읽었다. 임상의학과 실험 연구가 살아 숨쉬는 환경 속에서 그와 의학을 함께할 수 있다는 사실이 기뻤다. 또한 우리 가족이 새로운 삶을 경험할 수 있는 곳으로 생각되어 꿈에 부푼 안착이었다.

클라비엔 교수

듀크 대학에서 나의 지도 교수였던 클라비엔은 특이한 이력의 소유자다. 스위스 제네바 의과대학을 졸업한 후 거기서 외과 전문의 수련을 마치고 박사 과정을 계속하기 위해 캐나다 토론토 대학 병원으로 유학을 떠났다. 거기서 스트라스버그 교수의 지도 하에 이식을 위해 저온 보관했던 간에 새롭게 혈액이 통하면서 일어나는 간 손상 기전에 관한 연구를 주로 하였다. 당시만 해도 의학자들은 조직에 혈액이 통하지 않으면 당연히 손상이 일어나서 허혈성 괴사가 발생한다고 생각했다. 그는 장기가 보존액에서 혈액이 통하지 않을 때 세포 내에 변화가 없다가 혈액이 통하면서 혈액과 세포 안의 각종 미세 물질에 의해 손상이 일어나는 기전을 연구하였다.

그는 제네바에서 자랐기 때문에 프랑스 억양의 영어를 구사했지만 언변에서는 누구에게도 뒤지지 않아 자신이 공부한 내용이나 연구 결과를 상대방에게 설득시키고 이해시키는 능력이 탁월하였다. 듀크 대학 외과에 연사로 초대받아 스트라스버그 교수의 조수 자격으로 동행한 그는 당시 듀크 대학의 외과 주임 교수였던 새비스톤 교수의 눈에 띄어 불과 36세에 듀크 대학의 간·담도 및 간 이식 외과의 분과장으로 발탁되었다. 새비스톤 교수는 능력 있는 클라비엔 교수를 신뢰하여 그가 마음 놓고 열심히 일할 수 있도록 주지사에게 청원하여 6개월 만에 그와 그의 가족들이 영주권을 얻어 정착할 수 있도록 해 주었다. 클라비엔 교수는 미국에서 상위 5위권 안에 드는 우수한 연구 환경의 듀크 대학에서 간 이식 및 간 수술과 관련된 탁월한 실험 연구 실적을 발표함으로써 간 연구 분야에서 단숨에 주목받는 연구원으로 부상하였다.

힘든 수술을 마친 어느 날, 연구원들과 함께 어느 중국 음식점에서 그의 이야기를 듣던 중에 「He'll have to go」와 「Four walls」로 유명한 1950년대 말의 가수 짐 리브스가 떠올랐다. 그는 원래 야구 선수였지만 대학 시절에 손을 다쳐 야구를 더 이상 할 수가 없게 되었다. 야구 연습을 하면서 틈틈이 쌓은 통기타와 노래 실력으로 그는 방송국의 DJ로 취직하여 어느 유명한 가수의 공연

사회를 맡게 되었다. 시작 시간이 되었으나 그 가수가 도착하지 않아 운집한 관중들의 웅성거림을 달래기 위해 자신의 통기타 연주와 노래를 들려주어 열광적인 환호를 받은 그는 가수가 되어 일약 스타로 발돋움했다.

스타나 큰 인물은 혜성처럼 나타나는 것처럼 보이지만 그는 자신의 역량이 드러나기 전까지 보이지 않는 곳에서 피나는 노력을 했을 것이다. 클라비엔 교수도 어느 날 갑자기 스타가 된 것으로 여겨지진 않았다.

클라비엔 교수를 위시한 그의 연구원들과 함께한 기간 동안 쌓은 새로운 경험은 앞으로 병원이나 의과대학에서의 진료와 연구에 소중한 자산이 되리라 생각한다. 미국의 공공 기관이나 병원 등에서는 주 5일 근무가 보편화되어 있지만, 클라비엔 교수와 그의 연구원들은 토요일에도 평일과 마찬가지로 출근하여 중환자실을 시작으로 한 시간 정도 환자 회진을 한다. 간 절제 수술과 간 이식 수술을 받은 환자가 대부분인데 입원 환자래야 고작 일여덟 명에 불과하다. 우리나라에선 간 이식 수술 후에 한 달 이상 입원하는 것이 보통인데, 여기서는 간 이식 수술이나 간 절제 수술을 받아도 대부분 1주일 전후면 퇴원하여 병원 근처의 호텔에 얼마간 더 머물며 외래 진료를 받는다. 입원비가 워낙 비싸기 때문에 오래 입원할 수가 없는 것이다.

　인턴과 임상 연구 강사 그리고 4명의 실험실 연구원이 함께하는 회진은 우리나라의 회진과 별 차이가 없다. 회진을 마치면 식당에 들러 큼직한 컵에 커피 한 잔씩 빼들고 종이 접시에 빵도 하나씩 담아 의과학 연구동의 세미나실로 간다. 의과학 연구동에서 일하는 대부분의 연구원들은 토요일에 출근하지 않기 때문에 건물 전체가 조용해진다. 우리가 토요일에도 출근하여 가장 긴장된 실험 집담회를 벌이는 이 연구실은 미국의 젊은이들에게 인기가 없는 듯하다. 미국 사람들은 대개 아무리 좋고 흥미 있는 일이라도 휴식과 즐거움을 함께 추구한다. 그들은 업적만을 위하여 자기 몸을 전력으로 바치기를 즐기지 않는 것처럼 보인다.

　클라비엔 교수는 열심히 일하지 않는 미국의 젊은이를 연구원으로 선발하지 않는 듯하다. 그는 생산적인 일을 열심히 하는 사람을 연구원으로 뽑는다. 그래서 나를 제외한 연구원들은 모두 유럽 출신이다. 그것도 연구원을 보내는 기관에서 연구 기금을 지원한 사람만 선발했다는 것을 실험실에 있으면서 알았다. 영국, 독일, 네덜란드, 스위스에서 각각 한 사람씩 와 있다. 이들은 의과대학을 갓 졸업했거나 외과 수련 과정에 있다가 와서 나보다는 대부분 10년 정도 젊다. 동양인은 서양인에 비해 젊어 보이기 때문에 굳이 내 나이를 밝히지는 않았다. 나는 그들로부터 실험실에서 하는 실험동물(쥐) 수술법, 생화학 분석법, 세포 배양법 등을 하나씩 배워야 하기 때문에 나이가 많다고 자랑해 봐야 이로울 게 하나도 없다.

토요일 집담회 시간에 그럴듯한 결과를 내놓으려면 5일 동안 열심히 실험하고 분석해야 한다. 그렇지 않으면 핀잔을 받기 십상이다. 따라서 금요일 저녁은 1주일 중 가장 어려운 날이다. 내놓을 데이터를 정리해야 하기 때문이다. 네덜란드에서 온 다비트는 여자친구와 농구 시합과 골프를 즐기며 실험실에 별로 출근하지 않았는데, 토요일에 그럴듯하게 둘러대다가 혼쭐 빠지게 비판을 당하기도 했다. 그는 실험실 3년차로서 유명한 저널에 논문 몇 편을 게재했고 또 다른 논문도 곧 실릴 예정이기 때문에 그리 안달하지 않는 듯하다.

나는 처음 몇 달 동안 토요일에만 열리는 이 집담회에서 토의되는 내용들이 어떻게 돌아가는지 알 수가 없었다. 영어 자체도 장벽이거니와 집담회에서는 간세포의 손상 기전에 관한 실험을 주로 다루어, 사전 지식이 없는 나로서는 난감하기 짝이 없었다.

그러나 관련 논문들을 읽으며 계속 참가하다 보니 3개월째인 9월부터는 무슨 얘기인지 파악되기 시작했다. 이 실험실에서는 간 절제 수술을 안전하게 할 수 있는 방법과, 간 이식 수술 직후에 간 기능 부전에 빠지는 것을 방지할 수 있는 방법에 관한 연구에 있어 세계를 선도하고 있었다.

4개월이 지나자 임상 진료에 몰두해서 배우는 것은 더 이상 의미가 없다고 생각되어 실험실로 옮겼다. 실험을 배우기 위해 수술 준비나, 실험 연구원들이 귀찮아 할 임상 실험을 도맡아 하기도 했다. 내가 머문 1년 동안 이 실험실에서는 귀중한 논문들이 한 달에 한 편 정도씩 발표되었다. 돌이켜 보니 그해에 비중 있는 논문들이 많이 발표된 것 같다.

연구 실적과 미국 학회에서의 영향력을 인정받은 클라비엔 교수는 본국인 스위스의 취리히 대학 외과 주임 교수로 발탁되었다. 그의 나이 44세였다. 그는 1998년 《타임》에서 30여 쪽에 달하는 특집 기사와 함께 표지 인물로 소개되기도 했다. 그와 그의 연구원 일행이 2000년 여름 스위스로 돌아가기 전에 간 연구에 바친 미국에서의 1년을 함께할 수 있었던 것은 커다란 행운이었다.

한국인 환자의 두 얼굴

이곳에서 외래 진료를 보면서 우리나라와 많이 다르다고 생각했다. 환자는 진찰실에서 가족과 함께 가만히 기다리고, 진료하는 의사는 복도의 필름 박스와 컴퓨터 앞에 서서 보조 의사로부터 환자의 모든 기록을 전달받는다. 그러고는 방사선 사진을 걸어 놓고 보면서 병의 상태를 판단한 후 진찰실로 들어가 환자로부터 부가적인 병력을 듣고 확인한 후 진찰을 시작한다. 모든 자료를 바탕으로 치료 방침이 서면 환자와 가족에게 간략히 병과 치료 계획에 대해 설명한다.

내과나 방사선과의 의견이 필요하면 해당 과의 의사를 불러와서 진찰 소견을 들은 후 치료 방침을 결정한다. 3명의 각기 다른 의사가 진료를 해도 환자는 가만히 앉아 있으면 된다. 의사가 이쪽저쪽에서 환자에게 찾아가는 것이다. 그래서 진료 시간이 짧으면 30분, 길면 1시간 반이 걸리기도 한다.

우리나라에서는 3시간을 기다려 불과 3분간 진료받는 것과 달리, 충분한 진료를 받은 환자는 자신의 상태를 이해하고 의사를 신뢰하게 된다. 그래서 예약 환자 일여덟 명을 보자면 아침 일찍 시작해도 오후 두세 시가 되어서야 끝난다. 즉, 의사 중심이 아니라 환자 중심으로 진료 체계가 구성되어 있다. 반나절에 적게는 30명, 많게는 100명도 진료해야 하는 것이 우리나라 대학 병원 의사들의 현실이다. 이러한 차이는 우리나라의 의료 제도가 합리적이지 않기 때문이다.

병원에 출근한 지 몇 주가 지난 어느 날, 클라비엔 교수는 한국인 환자가 있다고 하면서 옆방에 있던 나를 불렀다. CT 사진을 보니 낯익은 병변이었다. 우리나라에서 흔한 간경화증에다 간이 오른쪽에 달걀만 한 종양이 있었다. 복수도 약간 있었다.

어떻게 하면 좋겠느냐는 질문에 주저하다가 나는 우리 병원(동산병원)에서라면 동맥 색전술이나 알코올 주입법을 먼저 고려하고 기능적 간 활력 검사를 해 본 후 수술을 결정한다고 답했다. "환자를 같이 한번 볼까요?"라고 해서 환자가 기다리고 있는 진찰실로 자리를 옮겼다.

진찰실 문을 들어서니 60세쯤 되어 보이는 한국인 부부가 약간은 초조하게 기다리고 있었다. "안녕하세요."라고 하니 보호자인 남편이 놀라는 표정으로 나를 바라보았다. 듀크 대학 병원의 외과 진찰실에서 한국인 의사를 만나는 것이 뜻밖이라는 표정으로 내 명찰을 자세히 보았다. 나도 이곳에 온 이후 두 달간 의사나 환자에게 미숙한 영어로만 말하다가 우리말로 환자를 대하니 약간 흥분되면서 반가웠다.

클라비엔 교수는 보호자와 한참 대화를 나눈 후 초조하게 앉아 있는 환자를 진찰했다. 환자가 나와 같은 한국인이라서 그런지 클라비엔 교수의 표정에서 다른 때보다 더 조심스러운 기색을 느낄 수 있었다. 냉동 치료로 방침을 정하고 설명을 했다.

간경화증만 있는 경우 더 이상 악화되지 않으면 상당히 오랫동안 살 수 있다. 그러나 간경화증은 간암의 가장 흔한 원인이며 간암이 발생할 경우 급속도로 악화되어 사망하는 경우가 많다. 어디에 발생한 암이든지 기본적인 치료는 암 조직을 절제하여 없애 버리는 것이다. 간경화증은 그 정도에 따라 절제 수술을 할 수도 있지만 남게 될 간이 작을 경우 간부전증으로 사망할 가능성도 있다. 즉 집 안에 든 쥐 한 마리를 잡다가 초가삼간을 태우는 것과 같은 일이 발생할 수도 있다.

그런 위험이 있을 경우 절제 수술대신 종양에 공급되는 혈액을 차단하기 위하여 동맥을 막아 버리는 동맥 색전술, 99퍼센트 알코올을 주입하여 녹이는 치료, 고주파 전자로 익혀 버리는 치료 혹은 암 조직만을 영하 120도 이하로 얼려서 죽이는 냉동 치료 등을 선택할 수 있다. 클라비엔 교수는 한국에 치료 장비가 한 대도 들어와 있지 않은 냉동 치료법을 선택했다.

환자인 아주머니와 보호자인 남편은 오래살 수만 있다면 무엇이든 하라는 대로 하겠다고 답하고 2주 후의 냉동 치료 수술을 예약했다. 클라비엔 교수가 나간 후 나는 그 부부와 대화를 좀 더 나누기 위해 진찰실에 남았다. 그들도 우리말로 더 얘기를 나누고 싶어 했다. 그들은 자기네 처지를 들려주었다.

남편은 방사선 기사로, 부인은 간호사로 광주의 어느 병원에서 일하다가 1970년대 초에 이민을 와서 휴일도 없이 밤낮으로 일하여 어느 정도 살게 되었다. 그런데 갑자기 부인이 이렇게 되니 남편으로선 인생이 허무하고 "내가 저 사람에게 일만 시키다가 이렇게 되었으니 내가 죄인"이라며 한탄을 했다. 이젠 가게도 다 처분하고 한국에도 한 번씩 다녀가며 여유를 즐겨야겠다고 했다.

그러면서 한국에서는 어떻게 치료하느냐고 물었다. 방법상 약간 다를 수 있지만 큰 차이가 없으며 클라비엔 교수는 간 분야의 연구와 진료에 있어 세계적인 수준이므로 모든 것을 믿고 맡겨도 된다고 했다. 굳이 추가로 설명할 필요도 없었을뿐더러 괜한 부가 설명을 했다가 환자나 클라비엔 교수에게 불신을 살 소지도 있다고 생각하여, 진료에 관한 모든 것은 클라비엔 교수의 방침대로 따르라고 했다. 그리고 그들이 약간 못 알아들은 듯한 내용에 대해서 도움이 될 만큼 설명을 해 준 다음, 수술날 다시 보기로 하고 헤어졌다.

수술일은 8월 초였는데 그날은 수술이 많이 잡혀 있었다. 우리나라에서도 마찬가지지만 수술이 많이 잡히다 보면 뜻하지 않게 취소되거나 다음날로 미뤄지기도 한다. 이날은 오전에 큰 수술이 많아 오후 늦게까지 보류하다가 하는 수 없이 다음날로 미뤄야 했다. 병원 입원비가 너무 비싸기 때문에 아무리 큰 수술을 받더라도 수술 전 검사를 외래 진료실을 통해 마치고 수술 당일에 입원하여 수술받도록 되어 있었다. 그는 입원도 되지 않은 상태에서 하루를 그냥 대기실에서 보내야 했다.

그날 밤 응급으로 발생한 간 이식 수술이 있어서 다음날도 오후 늦게서야 수술을 할 수 있었다. 수술 전후의 대기 환자를 담당하는 간호사는 나중 나에게 한마디를 했다. "그녀는 참을성이 대단히 많다.(She is very very patient.)"라고 했다. 환자(patient)라는 단어는 '참을성 있는(patient)'과 철자가 같다. 환자야말로 참을성이 요구된다. 언제나 많이 기다려야 하고 아픈 것도 참아야 하며, 인내심을 가지고 견뎌야 하는 것은 환자의 몫이다. 대체로 이곳의 환자들은 양질의 진료 때문인지 몰라도 잘 견디는 편이었다.

이 한국인 환자와 그 가족은 이곳 환자들의 평균 이상으로 아주 잘 이해하고 견디며 상황을 받아들였다. 클라비엔 교수와 담당 간호사도 수술이 예정대로 진행되지 못해서 미안해 했는데, 의외로 아무런 불평도 하지 않고 그냥 담담히 참아 주어 나도 그들에게 감사하였다. 그 반대였다면 나도 마음이 편하지 않았을 것이다. 그는 냉동 치료를 마치고 합병증 없이 퇴원하였다. 나중에 외래 진료 때 집에서 가꾼 풋고추랑 갖가지 채소를 한 보자기 싸서 나에게 건네주고 갔다. 미국 땅에서 농경 시대의 한국사람 인심을 느끼게 하는 참 좋은 분이라 생각했다.

■

한 달쯤 후에 다른 한국인 환자를 외래에서 만나게 되었다. 55세의 여자로 서울의 어느 여고를 졸업하고 미군 장교와 결혼하여 남편과 함께 독일로 가서 남편이 근무하는 동안 수년간 그곳에서 살다가 미국으로 돌아왔지만 남편이 세상을 떠났다고 했다. 혼자서 살던 중 간에서 종양이 발견되었고, 그 종양이 악성인지 여부가 확실하지 않아 정기적으로 간 전문 의사에게 진료를 받아 왔다. 지방 병원에서 1차 진료를 마친 후 인근의 주립 대학 병원에서 진료를 받는데, 미심쩍은 구석이 있어서 확진을 받기 위해 듀크 대학 병원을 찾았다.

우리나라에서는 이 병원에서 저 병원으로 몇 차례 전전하며 같은 검사를 하는 환자들을 가끔 볼 수 있는데, 미국에서는 주치의가 1차 진료를 한 후 2차 병원에 보내면 거기서 진료를 한 후 필요할 경우 다시 3차 대학 병원에 보내서 그곳 의사의 판단에 전적으로 따르는 것이 보통이다. 혹시 진단이나 치료 방침이 흡족하지 않은 경우 3자의 의견을 들어보는 것이 필요할 수도 있다. 이 환자 역시 미심쩍어서 다른 의사의 의견을 들어보려고 왔다.

이 환자도 나를 보자 듀크 병원에서 일하는 한국인 의사를 만나는 것이 뜻밖이란 표정이었다. 하지만 내가 이곳에 고용된 미국 의사가 아니라 한국에서 연수차 온 의사라는 설명을 했기 때문인지 그리 반가워 하는 눈치는 아니었다.

클라비엔 교수가 진찰실로 들어섰다. 이 환자는 여러 병원에서 받은 진단 결과를 말하면서 자신의 병을 설명하였고, 부가적으로 자기의 병에 대한 스스로의 소견을 덧붙였다. "종양이 양성인지 악성인지 구별되지 않는다고 하지만 나는 암이 아니라고 생각해요." 진료를 마친 후 이 환자는 나와 잠시 동안 대화하기를 원했다. 그러나 이곳의 정식 의사가 아니라 객원 연수차 온 의사임을 아는 이 환자는 내 의견에 귀를 기울이지는 않았다.

대신 "한국 사람들이 영어를 하는 데는 약간의 요령이 필요하죠. 나도 처음에는 뭣 모르고 영어를 했는데 나중 그 표현법을 터득했지요. 우리말은 내뱉듯이 발음하지만 영어는 삼키듯이 발음해야 해요. 예를 들어 '아이스크림'을 우리는 '아이스크리-임'으로 내뱉지만 원래는 입 안에 사탕을 하나 물고 '아이스크르-

ㅁ'이라고 삼키듯이 발음해야 해요."하면서 약간은 나를 교육하듯 그동안의 미국 생활 경험을 곁들여 얘기를 늘어놓았다. 영어 발음법에 관한 설명은 그럴듯하게 들렸다.

다른 병원의 진료 의사에 대한 나름대로의 불만을 표출했듯이, 이번 진료도 뭔가 성에 차지 않는 표정이었다. 진료를 마친 후 다른 병원의 필름을 챙겨서 가야 하는데 어찌 된 일인지 사본만 있고 원본은 보이지 않았다. 말레이시아계의 남자 간호사가 방사선과 필름보관실에도 몇 차례 오갔으나 찾지 못했다. 그러자 이 환자는 보조 의사와 클라비엔 교수에게 필름 원본의 중요성을 내세우며 찾아내라고 떼를 썼다. 다음 진료를 계속해야 하는데 이 환자 때문에 진료가 자꾸 중단되었다. 보조 의사 페기는 화난 표정을 지어 가며 다시 찾아볼 테니 저쪽에서 좀 기다리라고 했다.

그동안 진료실에서 얼굴 붉히는 일이 거의 없었다. 우리나라에서도 진료를 마치고 집에 돌아가서 혹은 사석에서 의사의 진료에 대해 그리 곱지 않게 표현하는 것을 자주 들었지만, 진찰실에서 얼굴 붉히는 일은 흔하지 않았다.

나는 합병증이 발생하여 고생한 환자들에게 "상처가 곪아서 고생하셨죠? 수술이라는 것이 늘 예상대로 되지는 않습니다. 사람마다 다르고요."라고 말한다. 그러면 환자는 속으로는 '운이 없다.' 혹은 '수술이 잘못되었다.'라고 생각할지 몰라도 대개 의사의 수술 행위를 존중해 준다.

클라비엔 교수도 이 환자가 한 시간이 넘게 필름 때문에 실랑이를 벌이는 것을 보고 약간 기분이 언짢아지고 다음 진료도 지연되었다. 나는 "필름이 간혹 분실되기도 하지만 며칠 지나면 또 어디에선가 나타나 필름보관실로 돌아옵니다. 복사본이 있으니 일단 돌아가시고 나중에 필름을 찾으면 전화를 드려 찾아 가실 수 있도록 해 드리겠습니다."라고 했지만 옹골찬 표정으로 그 필름을 못 찾으면 가지 않겠다고 버텼다. 나도 더 이상은 이 환자에게 관심을 가지지 않기로 했다. 클라비엔 교수를 보기에 민망했을뿐더러, 이전에 간암 수술을 받은 참을성 많은 한국인 환자가 남긴 좋은 인상을 이 환자가 무색하게 만들까 우려되었다.

도서관, 지식의 창고

트리나 포올러스는 『꽃들에게 희망을』이란 책에서 애벌레를 소재로 인간 사회를 풍자적으로 묘사했다. 다른 애벌레들을 밟고 올라서서 탑처럼 기둥이 된 꼭대기에 서로 오르려는 광경은 아비규환이다. 서로 높은 곳에 오르려고 아귀다툼하는 현장 위를 나비가 되어 훨훨 날면서 내려다보면 아무것도 아닌 것을 가지고 말이다.

오늘날 컴퓨터가 없는 생활을 상상할 수 있겠는가? 컴퓨터는 처음 개발된 이후 여러 시행착오를 거쳐 크기는 작아지고 기능은 극대화되어 현재의 형태로 발전했다. 다른 분야도 마찬가지지만 의료 기술과 생명 과학은 불과 수십 년 사이에 엄청난 발전이 이루어졌다. 과학의 발전에 관한 아이작 뉴턴의 말을 새겨볼 만하다. "과학자는 그 전 과학자의 어깨 위에 올라 더 멀리 바라볼 수 있다." 의학에서도 과거의 노력과 성취를 흡수하지 않고 스스로 새로운 세계를 펼친다는 것은 불가능하다.

어쩌면 풍자적으로 묘사한 애벌레의 세계를 모델로 하여, 약간씩 몸을 기대면서 때로는 상대의 다리와 어깨를 밟으며 새로운 생명 현상의 세계를 탐험하고 개척해 왔는지도 모른다. 과학에서는 하나의 가설을 세워 그것을 증명하기 위해 실험을 계획하고 결과를 얻어 분석함으로써 하나의 결론에 이른다. 그리고 여러 가지 결론을 종합하여 새로운 가설을 세우고 그것에 대하여 새로운 실험 방법으로 다른 결과를 얻어 보다 진보된 결론을 도출한다. 과학의 세계에서는 이렇게 확정된 결론들이 일반적인 사실로 알려진다.

그러한 가설과 실험 결과로 얻은 결론들이 모여 있는 창고가 바로 대학의 도서관이다. 어떤 대학이든 그 대학의 수준은 도서관을 보면 알 수 있다. 듀크 대학 도서관에 가 보면 왜 듀크 대학이 일류인가를 알게 된다.

계명대학교의 본부 도서관과 의학 도서관은 국내 어느 대학의 도서관과 비교해도 손색이 없다고 생각해 왔다. 그러나 거기에서 참고 문헌을 찾아보면 꼭 필요한 논문을 다 구할 수가 없었다. 며칠씩 걸려서 국내의 다른 대학 도서관에 요청하거나 때로는 비싼 요금을 물어가며 외국 도서관에 의뢰해야 했다. 그것이 번거로우니까 적당한 선에서 포기하기도 했다. 요즘은 전자도서관에서 각종 잡지를 인터넷으로 원문까지 바로 받아볼 수 있지만 그 숫자가 제한되어 있다. 듀크 대학 의학 도서관은 수많은 의학 저널을 인터넷으로 볼 수 있을뿐더러, 의학 연구에 필요한 거의 모든 저널이 구비되어 있는 듯하다. 논문 뒤쪽의 참고 문헌을 1번부터 50번까지 찾아 보면 거의 다 있고, 한두 시간이면 모두 복사하여 손에 들고 도서관 문을 나설 수 있다.

나는 우리나라에서 구하기 힘들었던 의학 저널을 복사하여 도서관을 나설 때마다 뿌듯한 마음과 부러움을 떨칠 수가 없었다. 거기다가 도서관 열람실이 밤 12시까지 열려 있고 일요일을 포함한 휴일에도 개방되어 언제나 책을 찾아 볼 수 있다. 의학 저널 《랜싯》은 1835년도부터 발행된 것이 결권 하나 없이 서가에 꽂혀 있고, 허술한 제본의 인도 의학 저널과 수십 종이나 되는 일본의 의학 저널 그리고 독일을 비롯한 유럽의 비영어권 저널도 빼곡히 꽂혀 있다. 하지만 한국 의학 저널은 한 권도 꽂혀져 있지 않아 허탈했다.

나는 한국에서는 손에 넣을 수 없었던 간 절제와 관련된 논문도 찾아 볼 수 있었다. 영국의 외과 의사가 발표한 것으로, 간 혈류를 차단하여 출혈을 줄이면서 안전하게 간 절제 수술을 하는, 소위 '프링글 방법'에 관한 논문을 다른 문헌들의 참고 문헌 기록대로 1908년도 《수술 연감》의 해당 쪽에서 찾았다. 그런데 거기를 들추니 손이 많이 가서 첫 장이 떨어진 채로 끼어 있었다. 나는 그 논문을 처음부터 끝까지 모두 복사했다.

  이런 논문이야말로 기념비적이다. 비록 해마다 수많은 논문이 발표되지만, 많은 사람들에게 읽히고 인용되고 그것을 바탕으로 새로운 실험이 이루어지는 논문은 매우 귀하다. 언제든 이런 논문을 한 편만 쓸 수 있어도 의과학자로서 제몫을 다했다고 할 수 있겠다.

장기 이식팀의 바쁜 나날들

지난주에 췌장 이식 수술을 했는데, 오늘 또 췌장·신장 동시 이식 수술이 예정되어 있었다. 기증 장기는 다른 이식 외과팀이 적출하였고, 2시간 전에 수술실에 도착했다. 8월 들어 위스콘신에서 2년간 이식 외과 연구 강사 과정을 마치고 조교수로 부임한 콜린스가 이식받을 환자의 수술을 시작하였다. 옆 테이블에서는 젊은 여교수 터틀이 이식할 장기의 혈관 정리 수술을 하였다. 나는 이곳에 온 후 거의 두 달 만에 터틀 교수의 조수로 수술에 참여하게 되었다.

처음에는 영어가 잘 들리지 않았지만 이제는 내 의견도 가끔 영어로 주고받을 수 있었다. 터틀 교수는 연신 여장부처럼 "어허

허." 하면서 즐겁게 수술하였다. 췌장 이식 수술은 이곳에서 처음 봤는데 예상보다 너무 싱겁게 끝나곤 했다. 췌장 이식이 끝나니 새벽 2시였다. 병원 건물에서 주차장까지는 큰 나무숲이 있었다. 그 숲에서는 매미인지 새인지 알 수 없는 종류의 "따까르르, 따까르르" 합창 소리가 이국의 분위기를 자아냈다.

잠시 눈을 붙이고 일어나 오전 8시에 회진과 실험실 집담회를 위하여 병원에 나갔다. 간 공여자가 200마일 떨어진 월밍턴에 있다고 해서 듀크 팀이 가야 한다는 말을 들었다. 배런 선생은 췌장 이식 수술 후에 이어진 신장 이식 수술 때문에 잠을 거의 못 잔 표정이었다. 사실 어제 저녁에 클라비엔 교수는 실험실 연구원 4명과 임상에서 일하는 모든 선생들과 함께 자기 집 정원에서 바비큐 파티 저녁식사를 열 예정이었다. 하지만 수술 일정이 너무 촉박하여 오늘 저녁으로 미뤘는데 간 이식 수술 때문에 내일로 다시 미루려고 부리나케 부인에게 전화했다.

오전 11시에 배런 선생과 수련의 크리스틴과 나는 의과대학생 로드니 앨런이 운전하는 승용차에 올라 공항으로 향했다. 6인승 경비행기가 우리를 태우려 대기하고 있었고 조종사와 승무원 한 사람이 반갑게 맞아 주었다. 비행기가 이륙하자 배런 선생과 크리스틴과 로드니는 곧 곯아떨어졌다. 크리스틴은 중환자처럼 입을 반쯤 벌린 채 잠들었고, 뒤늦게 이식 외과 연구 강사를 시작한 배런 선생도 36시간가량 계속 잠을 못 잤기 때문에 괴로운 표정으로 이따금 어금니를 악물기도 했다.

뇌사자의 장기를 옮겨 심어야 하는 본인의 몸은 지쳐 쓰러져 가는데도 쉴 여유가 없었다. 대충 앉는 곳이 잠자리였다. 누구를 위한 생명 전쟁인가? "사람이 온 천하를 얻고도 자기의 목숨을 잃으면 무엇이 유익하리요."라는 『성경』 구절이 떠올랐다. 그런데 나는 "누구든지 제 목숨을 구원하고자 하면 잃을 것이요, 복음을 위하여 제 목숨을 잃으면 구원하리라."라는 앞 구절은 모르고 있었다. 그래서 몸 바쳐 다른 사람의 생명을 구하는 이들의 생명은 하나님이 보호하는 것인가?

경비행기에서 내려다보이는 노스캐롤라이나의 숲에는 지쳐서 곯아떨어진 분위기의 기내와는 다른 평온함이 있었다. 한 시간을 날아 윌밍턴에 내리니 구급차가 우리를 기다리고 있었다. 수술자인 배런 선생이 지쳐서인지 수술팀 모두가 축 처져서인지 수술이 잘 되지 않고 지루하게 시간을 끌었다. 간과 2개의 신장을 적출하여 얼음 박스에 넣어 포장한 후 커피 한 잔씩을 빼 들고 다시 공항으로 달렸다.

늦은 오후에 기내에서 내다보이는 운무는 군데군데 거대한 버섯이나 연기처럼 솟아 있어 아름다웠다. 공항에 내려 다시 고속도로 위를 달리는 우리와 나란히 가는 차 안에서 손짓하며 환호하는 사람들이 보였다. 알고 보니 그들은 우리가 가져가는 얼음 박스 안에 들어 있는 간을 이식받을 환자의 가족이었다. 장기를 기증한 사람의 죽음을 뒤로 한 채 말기 간부전 환자인 딸의 회생을 기대하며 보내는 환호였다. 교통편이나 시간 계획, 보호자와의 면담 등은 모두 장기 이식 네트워크 요원들이 준비하고 이식외과 의사는 수술에만 집중하는 미국의 장기 이식 시스템이 부러웠다.

   클라비엔 교수의 지도하에 배런 선생의 집도로 오후 7시부터 수술이 시작되었다. 간 문맥 연결에 어려움이 있었으나 노련한 클라비엔 교수의 교정으로 거의 완벽하게 새벽에야 끝났다. 저녁에 우리는 호숫가에 있는 클라비엔 교수의 숲 속 정원에서 바비큐와 포도주로 며칠간의 피로를 씻었다.

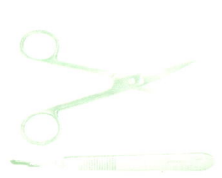

장기 이식은 사랑 이식

한 달 전에 예정된 성인들 간의 부분 간 이식이 있었다. 알코올 중독으로 간경화증에 빠진 39세의 남동생에게 42세인 누나의 간 중 60퍼센트를 잘라 이식하는 수술이 진행되었다. 자기가 지니게 될 간보다 더 많은 부분을 잘라서 가족이긴 하지만 타인에게 내주는 일은 감동적이었다. 외과 의사와 환자 모두에게 말할 수 없는 긴장과 감동을 주었다. 장기 이식은 사랑 이식이었다.

이 수술은 일본 교토 대학에서 가장 많이 했고 우리나라에서도 벌써 많이 시행되었다. 나는 한 달 전에 외래 진료실에서 동생에게 간의 절반 이상을 떼어 줄 누나와 간단한 대화를 나누었다. "가족간의 장기 이식은 미국보다 일본이나 한국 같은 동양에서 흔하기 때문에, 저로서는 이 일이 참 놀랍고 신선합니다."라고 화두를 꺼냈다. 그도 이러한 장기 이식이 동양에서 더 많다는 사실을 알고 있었고 동양에서 온 나를 아주 반갑게 대했다. "내가 간의 일부를 주어서 동생이 살아날 수 있다면 얼마나 좋겠어요?"

장기 이식의 세계, 거기에는 복잡한 수술 기법과 더불어 특별한 면역 억제 치료가 필요하고 장기를 주고받는 과정 속에 복잡한 감정들이 교차한다. 때로는 검은 돈이 오가기도 한다. 그러나 그날 외래 진료실에서 만난 그 중년 여인은 훤칠한 키에 약간은 야위었지만 두꺼운 안경을 쓴 인텔리이자 진실한 기독교 신자였다. 나는 그의 용기와 귀한 뜻에 격려와 찬사를 보냈다. "장기 이식, 특히 부분 간 이식은 환자나 의사 모두에게 감동적입니다. 훌륭한 일입니다."

클라비엔 교수는 간 절제 수술과 간 이식 수술 경험이 많았지만, 처음 하는 성인간 부분 간 이식에 있어서 공여자와 이식받게 될 환자를 두고 오랫동안 간 내과 의사들과 검토하고 준비를 해왔다. 1주일 전에 클라비엔 교수는 일본 교토 대학의 다나카 교수와 서울 아산병원의 이승규 교수를 포함한, 세계에서 부분 간 이식을 하는 유명한 교수들이 거의 다 모이는 심포지엄에 참석할 겸 간 이식의 메카라고 할 수 있는 피츠버그에 다녀왔다. 피츠버그로 떠나기 전날 회진을 마친 후 그는 이 수술에 도움이 되는 의견을 들으며 교토 대학의 다나카 교수를 만나 봐야겠다고 했다.

나는 그동안 그의 간 이식 수술에 관련된 실험실 연구 상황을 보면서 틀림없이 성공하리라 믿었다. 그의 간 수술은 안정적이었다. 그는 간세포가 무엇이고 그 기능이 어떻게 돌아가는지 잘 알았다. 부분 간 이식 수술은 건강한 공여자가 자기 간의 일부를 말기 간 부전 환자에게 주는 일이기 때문에 건강한 공여자의 수술에 더 많은 신경이 쓰인다. 집도의에게는 공여자에게 어떠한 합병증도 발생해서는 안 된다는 강박관념이 들 수도 있다. 그러나 그동안의 많은 간 절제 경험 덕분에 그는 강박관념보다는 자신감에 차 있어 보였다. 고도로 훈련되어 사기충천한 전투 비행사처럼 말이다.

예정대로 수술이 시작되었다. 보통과는 약간 다른 수술 기법이 필요했으며 수술은 거침없이 진행되었다. 공여자의 간 우엽이 60퍼센트 정도 절제되었고 출혈은 200밀리리터 미만으로 평소 간 절제 때처럼 수혈이 필요없었다. 옆방에선 터틀 교수의 집도하에 남동생의 거칠고 거무튀튀하게 굳은 간을 절제하는 수술이 무사히 이루어졌다. 곧 누나의 간이 전달되어 혈관과 담도를 연결하는 수술이 진행되었다. 그리고 동생 역시 수혈이 필요없을 정도로 출혈이 적어서 예정보다 빠른 오후 6시에 모든 수술이 끝났다. 회복하는 과정에서 간부전, 면역 억제, 감염 방지 등의 문제가 남아 있긴 했지만 수술은 거의 완벽했다.

나는 복강경 비장 절제 수술을 할 때가 생각났다. 첫 수술을 하기 전에 필요한 많은 책들을 읽고 해부학적인 구조까지 생각해 가며 가상적인 수술도 몇 차례 해 보았다. 심지어 꿈속에서도 그 수술을 했다. 하지만 실제 수술은 의외로 쉽게 끝났다.

이 간 이식 수술은 그때처럼 쉽게 일찍 끝나 버렸다. 저녁에 마취팀과 수술팀의 파티가 있었다. 간헐적으로 카메라 플래시를 터뜨리며 봉사한 나도 초대를 받았지만 다른 선약 때문에 참석하지 못했다.

■

지난번 간 이식 때도 그랬지만 환자는 늘 연속으로 발생한다. 그날 밤 새벽 1시에 병원에서 전화가 왔다. 가까운 도시 랠리 근처에 뇌사자가 있어서 2시간 이내에 간 적출술을 하러 갈 거라는 예비 통보였다. 눈을 잠시 붙였는데 2시에 다시 전화가 왔다. 병원으로 달려 나가 3시에 배런 선생과 함께 승용차로 랠리를 향했다. 오늘의 운전 기사는 의과대학 실습생인 벤저민이었다. 그와 나는 구면이었지만 소개 인사를 나누었다. 그리고 배런 선생이 수술에 필요한 확대 안경을 가지러 간 사이에 몇 가지 얘기를 더 나누었다. 그 학생은 매우 활달한 성격이었다.

"우리 대학의 이식팀은 그 구성이 특이하고 참 재미있습니다. 심장 이식팀을 보면 전형적인 미국 백인들뿐인데 신장과 간 이식팀은 프랑스 악센트의 스위스 출신 과장, 연신 껄껄 웃어 대는 여자 의사, 새로 부임한 흑인 의사, 그리고 나이 든 콜롬비아 출신의 연구 강사에 동양에서 온 연수 의사(나)까지 무척 재미있습니다. 평범한 미국 의사가 한 사람도 없습니다." 하며 킥킥 웃었다. 그는 학생이었지만 결혼을 했으며 그렇게 불려 나와서 아내가 싫어 했다는 얘기까지 덧붙였다. 그러고 보니 이식팀의 구성이 새롭게 느껴졌다. 클라비엔 교수는 어느 그랜드 라운드의 발표자로 앞에 섰을 때의 모습이 천생 연극 속의 피에로 같았다.

네 사람이 탄 새턴 승용차가 새벽 3시에 고속도로를 달리고 있었다. 간혹 마주 오는 차량의 불빛이 있었지만 조용한 고속도로였다. 휴대 전화로 가고 있는 상황을 도착지 병원과 듀크 병원 상급자들에게 보고하기도 하면서, 병원에서 있었던 최근의 일들과 수련의의 애환을 나누는 사이에 웨이크 포리스트의 병원에 도착했다. 지역 병원이었지만 꽤 고급스러웠고 로커와 수술실은 듀크 병원보다 나았다.

배런 선생은 지난번 윌밍턴에서보다 훨씬 안정되게 거침없이 수술을 진행했다. 선임 수련의는 흉부외과 의사여서 흉부 수술에 훨씬 자신감이 있어 보였다. 간과 2개의 신장을 얼음 박스에 채워 돌아갈 때에는 날이 훤하여 고속도로에 출근 전쟁이 벌어지고 있었다. 수련의 때 간혹 날을 새워 수술하고 난 후 수술팀이 함께 병원을 나서서 해장국을 먹은 일이 떠올랐다. 이날은 해장국 대신 큼직한 컵에 담긴 진한 커피로 쓰린 속을 함께 달랬다. 이식 수술은 오전 10시에 배런 선생의 집도와 클라비엔 교수의 지도로 6시간 만에 깨끗이 마무리되었다. 그리고 극도의 집중력이 필요한 과도한 일을 마친 후의 휴식은 그만큼 달고 맛있었다.

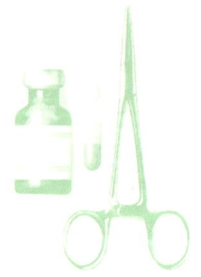

타향살이

　매주 토요일은 미국 대부분의 회사와 관공서와 학교가 쉬는 날이지만, 클라비엔 교수와 그의 연구원들에겐 가장 바쁜 날이었다. 오전 7시 30분부터 수련의와 외과 교수를 포함한 외과 의사 전체가 모여 집담회를 가진 뒤 한 시간 정도 환자 회진을 했다. 실험실에 있는 연구원도 모두 외과 수련 중이거나 외과를 지망하는 의사들이기 때문에 이 회진은 평일의 회진보다 더 심도가 있었다. 클라비엔 교수가 환자의 병력, 현재 상태와 치료 방향을 일일이 설명해 주기 때문에 나뿐만 아니라 실험실의 모든 연구원들에게도 매우 유익한 시간이었다.

　이식 외과의 연구 강사인 배런 선생이 환자 회진을 안내하면서 이식 환자를 먼저 찾아갔다. 배런 선생은 그 환자가 어젯밤 늦게 입원하였기 때문에 기본적인 환자 상태와 병력에 관하여 컴퓨터 조회가 가능한 정도까지 파악하고 있었다. 그는 머리카락이 반백이고 코가 크며 두꺼운 안경을 꼈는데, 약간 긴장한 모습으로 방금 출력된 환자 명단을 들고 대기했다.

멀리서 보면 연극 속의 피에로를 연상시킬 정도로 코가 동그랗고 얇은 안경을 낀 클라비엔 교수는 사뿐사뿐 걸어와 병실 입구 벽에 설치되어 있는 환자 의무 기록 카드함을 펼치면서 특유의 프랑스어 악센트로 "핑크북(환자 의무 기록철)이 왜 없죠?" 하며 배런 선생에게 물었다. 배런 선생은 "어젯밤에 입원해서 미처 챙기지 못했습니다."라고 답했다. 그러자 클라비엔 교수는 "1년 3개월을 이식 연구원으로 일한 사람이 이렇군." 하면서 4명의 실험실 연구원이 보는 가운데 핀잔을 주었다.

나는 이런 모습을 본 적이 없었다. 의료계에서 관습적으로 수련의의 실수를 줄이기 위해 강한 어조로 꾸짖기도 하지만, 이전까지 클라비엔 교수는 그런 적이 없었다. 지난번 간 이식 수술 때 간문맥 봉합을 마무리하면서 배런 선생이 실을 끊어 먹었다. 이것은 암벽을 오르다가 발을 헛디뎌 아래로 철렁 떨어지거나 구명 벨트에 대롱대롱 매달려 있는 상황에 비유할 수 있을 정도로 심각한 것이었다.

외과 의사는 나이가 들면서 수전증이 올 수 있기 때문에 과음을 피해야 한다는 등의 얘기를 자주 듣는다. 평소에는 수술 중에 전혀 손을 떨지 않더라도 이식 수술에서 혈관을 봉합하는 긴장된 순간에 손을 떨지 않는 사람은 어디에서도 보지 못했다. 클라비엔 교수도 배런 선생도 마찬가지였다. 그때 10여 분을 다시 소모해야 했다.

간 이식 수술에서 공여자의 간을 얼음 박스에 보관했다가 환자에게 접합하여 혈액을 재관류시키기까지의 과정은 이식의 성공 여부를 결정하는 매우 중요한 작업이다. 그렇기 때문에 장기 적출에서 이식 수술 완료까지의 전체 시간 중 50분가량 걸리는 이 과정이 이식 외과 의사에겐 가장 긴장되는 순간이다. 조수나 수술자의 실수로 생긴 이식 혈관 봉합 중의 10분이란 시간 지연은 엄청난 심적 스트레스로 작용한다.

그때조차도 클라비엔 교수는 배런 선생의 실수에 대해 아무런 화도 내지 않고 재빨리 처음부터 다시 시작하여 깨끗하게 봉합하고 혈액을 재관류시켜 수술을 마무리했다. 클라비엔 교수는 간 절제 수술 때 선임 수련의의 실수에도 화를 내지 않고 그냥 즐겁게 농담을 주고받으며 수술 수정을 진행했다. 그러다 보니 오늘 아침에 있었던 배런 선생에 대한 표현은 좀 심하게 들렸다.

최근에 클라비엔 교수와 배런 선생의 사이가 좋지 않다는 것을 알고 있었기에, 그런 불편한 관계가 이렇게 표출되는 것으로 느껴졌다. 그런데 그 불편한 관계의 한 원인이 부분적으로 나에게 있음을 짐작으로 알 수 있었다. 11월에 댈러스에서 열리는 미국 간학회에 실험 데이터와 임상 연구 결과를 발표하기로 되어 있어서 거의 모든 간·담도 외과와 간 이식 수술 실험실 연구원이 참석할 예정이었다. 배런 선생도 임상 연구 결과를 발표하기로 되어 있었다.

하지만 5일간 열리는 학회 기간 동안 병원을 너무 오래 비울 수 없을뿐더러 경비 절감을 위하여 이식 외과팀은 학회 시작일 아침에 출발하여 이틀간 머문 뒤 마치기 하루 전에 돌아오는 일정을 계획하고 항공편과 호텔을 예약해 두었다. 클라비엔 교수는 나에게 호텔을 배런 선생과 같이 쓰라고 하면서 배런 선생에게 이 일정을 얘기해 놓았다고 일러주었다. 그런데 그 문제에 대해 배런 선생과 얘기를 해 보니 완전히 달랐다.

배런 선생은 약간 상기된 얼굴로 "왜 연구실의 다른 연구원과 방을 같이 쓰지 않죠? 클라비엔 교수에게 방을 같이 쓰자고 해 보시죠. 나와 클라비엔 교수가 무슨 차이가 있죠?" 나는 의외의 얘기를 듣고 당황했다. 임상 연구 강사가 한 분과의 과장과 무슨 차이가 있냐는 반문을 듣고 나는, 두 사람의 나이가 비슷하거나 배런 선생이 더 많을지 모르지만, 연구원 의사가 과장에 대해 가진 마음가짐을 납득하기 어려웠다.

나는 따로 방을 예약해야겠다고 생각했다. "제 호텔 방은 제가 알아서 예약할 테니 더 이상 신경 쓰지 마세요."라고 하고 나는 댈러스에 사는 친구에게 전화를 걸어 학회장 근처의 비교적 싼 호텔을 예약해 달라고 부탁해 놓았다. 그러나 그 후에도 클라비엔 교수는 몇 번이고 배런 선생과 방을 같이 사용하기로 했느냐고 물었다. 나는 대답을 주저하다가 학회 며칠 전에 솔직하게 말해 버렸다. "배런 선생은 방을 같이 사용하고 싶지 않은 것 같습니다."라고 했다.

그는 불끈 화를 냈다. "그게 무슨 얘기죠? 배런 선생은 나에게 방을 같이 사용하겠다고 했어요. 오히려 강 선생이 방을 따로 사용하겠다고 했다더군요." 나는 순간적으로 배런 선생이 솔직하지 못하다고 생각하며 얼굴이 상기되었으나 솟아오르는 감정을 억제했다. 클라비엔 교수는 만약 배런 선생이 방을 혼자서 사용하겠다고 한다면 그 숙박비는 배런 선생이 물도록 하겠다고 했다.

콜롬비아에서 안정된 의과대학 교수로 있다가 뒤늦게 미국에 와서 새로 수련을 받으며 가장 힘든 이식 외과에서 연구원으로 인턴과 함께 발로 뛰어다니는 그의 모습이 때로는 측은하기까지 했다.

배런 선생이 잘못을 했더라도 클라비엔 교수가 회진 때 한 얘기는 좀 심했다. 회진을 마친 후 클라비엔 교수는 배런 선생의 발표를 미리 한번 봐야겠다고 하면서 연구동 회의실로 자료를 가져와서 발표 내용을 보여 달라고 했다. 어제 클라비엔 교수는 수술이 있어서 참석하지 못했지만, 다른 외과 의사와 연구원들이 모인 금요일 집담회에서 같은 내용의 예비 발표가 있었다. 그래서 간 센터 소장으로 있는 돈 로키와 영국 왕립 의대 간내과의 스미스와 헤네간 등이 참석한 집담회에서 비교적 호평을 받아 한 번은 검증된 셈이었다. 그러나 조목조목 따지며 비평을 가하는 클라비엔 교수의 통찰력과 판단력은 감히 누구도 흉내 내지 못할 정도였다.

"연구 결과가 아무리 좋더라도 그것을 간결하게 발표하지 못하면 청중은 잠자거나 발표장을 빠져나와 다른 곳으로 가 버립니다! C형 간염에 대해서 당신보다 훨씬 더 많은 지식을 가진 사람들이 청중으로 앉아 있는데 그들에게 강의를 하려고 합니까? 저 도표는 도무지 무슨 말인지 모르겠군요. 슬라이드만 봐도 알아볼 수 있게 할 수 없어요?"

지적은 날카로웠다. 어떻게 표현해야 한다는 것도 일러주었다. 그러나 그 어조에는 강한 비판과 질책이 실려 있었고 감정마저 약간 배어 있었다. 배런 선생은 진땀을 흘리며 수정 보완하겠다고 얼버무리면서 마지막에 "감사합니다!"라고 한 후 비맞은 장닭처럼 세미나실을 빠져나갔다.

비록 전에 그가 보여 준 정직하지 못한 태도에 마음이 상했지만, 반백에 나이도 들었고 제3세계에서 이민 와 어려운 경쟁 사회에서 같이 고생하고 있다는 동료 의식이 작용하여 나는 그를 위로하고 싶었다.

나는 댈러스 학회장에서 호텔 문제로 배런 선생에게 참을 수 없는 모멸을 경험했지만, 어차피 나는 이국에서 온 객(客)이라고 생각했기 때문에 꾹꾹 눌러 참았다. 깊이 있게 사귄 친구가 아닌 이상, 짧은 만남 속에서 생긴 서로간의 언짢음은 참고 넘어가는 것이 나았다. 또한 그러기를 잘했다고 느껴질 경우가 많았다.

실험실에서 마당 쓸기

 간 절제 수술 분야의 임상 연구를 하면서 수술 때마다 매번 연구가 실험실 쪽과의 연계하에 진행되는 것을 보았다. 영국의 저명한 외과 의사 프링글은 간 외상 환자들을 연이어 수술하면서 간문맥 3총사라는 문맥(문정맥), 간동맥, 총수담관을 눌러 간으로 공급되는 혈류를 차단함으로써 출혈을 줄여 환자의 목숨을 구했다. 이것은 지금까지도 사용되는 기법으로서 간 수술 외과에 지대한 공헌을 했다.
 간 연구, 특히 간 절제 수술과 간 이식 분야에 응용하기 좋은 '전처치'는 프링글 기법에 하나를 더 추가함으로써 간 손상을 줄인 새로운 방법이다. 이것은 간 절제 수술을 위하여 문맥 혈류를 일정 시간 동안(60분가량) 차단하기 전에 잠시(10분) 차단하였다가 15분간 혈류를 통하게 하는 방법으로, 전처치 없이 60분간 차단하는 것보다 간 손상을 현저히 줄인 기법이다. 이것은 쥐 실험을 통하여 최근에 확실하게 증명되었으며, 실제 수술에도 도입되어 간 손상을 줄이면서 간 절제나 간 이식 수술을 더욱 안전하게 할 수 있는 방법으로 정착되어 가고 있다.

이에 대한 일련의 실험 연구는 이곳 실험실에서 동물 실험을 통하여 좋은 결과를 얻어, 지난해 의학 저널에 그 기전에 관한 연구와 함께 여러 차례 발표되었다. 지금은 동물 실험 연구 결과를 사람의 간 절제에 이용하는 전향적 무작위 실험이 진행되고 있다. 동물 실험대로라면 환자에게 적어도 해가 되지는 않는다. 수술실에서 무작위로 제비뽑기를 하여 전통적인 방법과 전처치 방법 중 하나를 선택해 수술하고 있다.

■

간은 인체의 장기 중에서 대사 기능의 중추 역할을 담당한다. 첫째, 소화관에서 흡수된 영양소인 탄수화물, 지방질, 단백질, 무기 물질 등을 저장해 두었다가 필요할 때마다 동원해서 에너지를 만든다. 둘째, 흡수된 물질들을 이용하여 인체의 다른 장기에 필요한 특수 물질들, 예를 들면 염증과 면역에 관계하는 물질이나 혈액 응고 인자 등을 합성하거나 다른 물질로 바꾸어 공급한다. 셋째, 흡수된 독성 물질이나 노폐물을 내보내는 일도 한다.

간염을 앓고 난 후에 간경화증이 오면 간세포 하나하나가 이런 기능을 제대로 수행하지 못하게 된다. 즉 에너지 대사가 제대로 이루어지지 못하고 에너지의 원료를 수급하는 일에 차질이 생긴다. 그러면 밥맛이 없어지고 혈액 응고 인자가 감소하며 간이 굳어 혈관이 늘어나면서 식도처럼 점막이 얇은 부위에서 대량 출혈이 일어나기도 한다. 또한 노폐물이 처리되지 못해 황달이 생기거나 암모니아 같은 독성 물질이 뇌 기능을 마비시켜 혼수가 일어난다.

간 기능을 마비시키는 근본 질환은 B형 혹은 C형 간염과 간경화증이다. 간경화증은 그 자체로도 문제가 되지만, 간암으로 진행될 가능성이 있어서 더 큰 문제다. 사실상 전체 간세포 중 20~30퍼센트만 정상이어도 간 기능에는 큰 지장이 없다. 간이 얼마나 정상적으로 기능하는지 알아보는 것은 기존의 간 기능 검사인 효소 검사나 알부민 검사로 부족하다. 간의 ICG 배출 능력을 측정하여 전체적인 간 기능도 함께 추정할 수 있는 ICG 배출 검사가 필수적이다.

내가 이 실험실에 합류한 때쯤에 모든 전향적 무작위 실험에 ICG 배출 검사가 추가되었다. 이 방법은 간경화증 환자가 많은 일본이나 한국 등에서 많이 사용되고 있지만 유럽이나 미국에서는 거의 사용되지 않았다. 클라비엔 교수가 나에게 그 방법과 결과를 묻기에, 그에 관한 기초 논문 몇 건을 보여 주고 내 경험도 설명했다. 그는 곧바로 지금까지 시행해 온 임상 실험에 그 방법을 추가하였다.

그 시약을 어디서 어떻게 구입할 수 있는지는 다른 사람들에게 알아보게 하고 나에게는 우리 병원(동산병원)에서 시행하고 있는 방법을 알아오라고 했다. 그리고 나서 바로 다음주부터 시행하게 되었다. 나는 우리 병원 임상병리과에 이메일을 보내 환자에게 투여하는 방법과 시약 농도 측정 방법에 관해 문의하였고, 사용 설명서와 부가 설명 등을 팩스로 받아 보았다. 클라비엔 교수는 좋은 아이디어가 있으면 머뭇거리지 않고 세계 어디서든 관련 정보나 시약 등을 구하여 곧바로 실행에 옮겼다. 사실 이 시약과 검사를 정상적으로 도입하려면 심의 위원회를 거쳐야 하기 때문에 시간적 손실을 감수해야 했다. 하지만 그는 심의 위원회를 거치지 않고 실험실 연구원을 동원하여 바로 실행했다.

심의 위원회를 거쳤더라면 그것은 병원의 임상병리 검사실 기사들이 진행했을 것이다. 그러나 클라비엔 교수는 실험실 연구원들로 하여금 환자 옆에서 직접 실행하게 하였다. 이 검사는 간으로만 배출되는 녹색 ICG 용액을 수술 다음날 환자에게 투입한 다음 5분 간격으로 5번에 걸쳐 혈액을 채취하여 혈장에 남아 있는 녹색 용액의 농도를 비색 측정하는 방식으로 진행된다.

처음 얼마간은 영국에서 온 친구 샤니와 스위스에서 온 한네스가 서로 번갈아 가면서 했으나 샤니가 떠나고 내가 실험실로 옮긴 이후로는 내가 그의 역할을 대신하게 되었다. 나는 처음 임상 연구원으로 수술과 회진 등을 하면서 ECFMG(외국 수련의 교육 허가증)를 가졌으면서도 임상 행위를 할 수 있는 비자를 받지 못하고 시간에 쫓겨 일반 J1 비자로 오게 된 것이 무척 아쉬웠다. 미국의 의료법은 일반 비자의 경우 수술실과 병실 등에서 환자에게 직접적으로 임상 행위를 할 수 없도록 규정하고 있기 때문이다.

심지어 이곳 의과대학의 학생에게는 임상 행위를 허용하면서 나 같은 사람에게는 혈액 채취조차 혼자서 할 수 없게 되어 있다. 그래서 이 ICG 검사를 할 때마다 인턴이나 간호사를 불러 그들의 도움을 받아야 했다. 인턴은 한국에서나 미국에서나 피곤한 것은 마찬가지였다. 먹는 데는 걸신이요, 자는 데는 귀신이요, 아는 데는 병신이라는, 그런 인턴을 불러서 설명하고 부탁을 하면 어떤 인턴은 눈이 거물거물하거나 수면 부족으로 눈에 핏발이 섰는데도 잘 협조해 주었다. 하지만 또 어떤 인턴은 왜 하필 이 바쁜 시간에 왔느냐고 하면서 인상을 찌푸리기도 했지만, 나로서는 그것을 대충 받아넘길 수밖에 없었다. 그런데 핼러웨이라는 정형외과 인턴은 키가 2미터에 가까운 장대높이뛰기 선수였는데, 그는 선수로서 일본과 유럽 등지를 다닌 경험을 얘기하면서 늘 친근하게 대해 주었다. 운동선수가 대개 거친 성격이라고 하지만 의리와 너그러움과 여유를 가진 사람도 많다.

우리 병원에서는 회진 중에 수련의들에게 검사를 하라고 한마디 해 놓으면 결과를 다음날 회진 중에 보고받을 수 있었다. 하지만 이곳에서는 임상병리 기사 중에서도 초보자에게 직접 부탁해야 했다. 나는 이 귀찮은 일을 하면서도 실험실 선배인 십 년 연하의 연구원들로부터 실험 기법을 하나씩 배워 나갔다. 즉, 절간의 동자승처럼 마당 쓰는 일이라 생각하며 토요일 오후에 검사가 주어져도 마다하지 않고 해냈다. 그리고 한네스는 나의 도움을 아주 기쁘게 생각하여 실험의 첫 단계부터 하나씩 모든 것을 가르쳐 주기 시작하였다.

맹물이 가장 좋은 항암제?

　토요일의 실험실 집담회 시간 말미에 클라비엔 교수는 선임 연구원 마르쿠스에게 "증류수가 암세포를 죽일 수 있다는 기사를 오래전 어느 과학 잡지에서 읽었는데, 우리 실험실에서 그것을 증명하는 실험을 한번 해 볼 수 없을까요?"라고 화두를 던졌다.

　대부분의 외과 의사들은 위암이나 대장암 같은 암에 대한 절제 수술 후에 생리 식염수로 복강 안의 장기를 여러 번 헹군 다음 절개한 복부를 봉합한다. 하지만 클라비엔 교수가 간암 절제 수술 후에 항암제를 달라고 하면 간호사는 따끈한 물이 든 링거병 하나를 건넸다. 그러면 클라비엔 교수는 그 물을 복강 안에 부어 장기들을 약 2분간 담궜다. 처음에는 항암제라고 하기에 무엇일까 궁금했는데 알고 보니 증류수였다. 그는 수술 도중 뱃속에 떨어져 혹시 다른 장기로 퍼질지 모를 눈에 보이지 않는 암세포를 죽이기 위한 조치라고 했다.

이와 비슷한 예로 한번은 환자에게 우리의 민간요법과 비슷한 처치를 하는 것을 보고 놀랐다. 그는 어느 날 병실에서 수술 후 상처와 복부 내 화농이 있는 환자를 회진하던 중, 직접 드레싱을 하면서 고농도(3퍼센트) 식염수를 가져오라고 지시했다. 그러고는 식염수로 환부를 여러 번 세척한 후 소독약은 쓰지 않고 그냥 생리 식염수 거즈를 덮어 놓았다.

세포는 증류수(맹물)에 노출되면 팽창되어 터져서 죽는다. 고농도의 생리 식염수는 정상적인 세포나 조직으로부터 수분과 분비물을 흡인할 수 있기 때문에 소독약보다 훨씬 효과가 좋다. 그래서 위의 두 가지는 모두 과학적인 방법이다.

어렸을 때 벌에 쏘이면 어머니는 장독대로 데리고 가서 장독에서 바로 떠낸 된장을 얼굴에 한 줌 발라 주었다. 장독에 들어 있는 된장은 식탁 위의 된장보다 훨씬 더 짜서 고농도 식염수와 같은 효과를 낸다. 게다가 된장은 식염수보다 오랫동안 작용할 수 있는 식염수 연고라 할 수 있어서 단 한 번 씻어 내고 마는 식염수보다 훨씬 효과적이라 할 수 있다. 또한 된장은 상처에 있을 수 있는 이물질이나 부종을 빨아들여 더 오랫동안 소염 작용을 발휘한다. 그래서 화농이 생긴 상처를 소독약도 바르지 않고 고농도의 식염수로 씻은 후 그냥 덮어두는 처치를 보고 어린 시절 어머니의 된장 요법을 생각하며 '아, 저것이 맞다.'라고 생각했다.

나는 인턴 때부터 수술 후의 상처 소독을 환자의 요구에 이끌려 습관적으로 해 왔지만 저게 무슨 도움이 될까라고 생각했다. 실제로 수술 절개 부위를 소독하고 거즈로 덮어 두는 것보다 그냥 건조시키는 편이 더 나을 것이라는 믿음을 가지고 환자들을 설득하기도 했다. 그것은 전문의 시험을 준비하면서 외과 교과서에서 확인할 수 있었고, 전문의 시험 중 구두 시험에서 어느 원로 교수가 한 질문을 통해 재차 확인했다. 그 교수는 수술 후의 상처 치료에 관해 물었고, 나는 소독하지 않고 거즈를 떼어 확인만 하고 덮어 둔다고 했다. 그랬더니 그는 드디어 우리나라 외과도 교과서에 있는 선진 방식을 실천하고 있다고 기뻐했다.

선임 연구원 마르쿠스는 그 다음주 토요일에 증류수로 세포를 죽일 수 있음을 증명해 보였다. 그는 대장암 세포주와 간암 세포주를 각각 증류수, 0.45퍼센트 식염수, 0.9퍼센트 생리 식염수, 3퍼센트 식염수에 각각 2분간 담궜다가 다시 정상적인 세포 배양액에 24시간 배양한 후 살아 있는 세포의 수를 관찰한 결과를 설명하였다. 놀랍게도 생리 식염수나 고농도의 식염수에 2분간 담궜던 세포주는 90퍼센트 이상 살아남은 반면, 증류수에 2분간 담궜던 세포주는 5퍼센트 미만이 살아남았다.

클라비엔 교수도 놀랐다. 그는 수술 후 항암제라고 직접 명명한 증류수 요법에 확신을 가지면서 몇 가지 부가 실험을 하여 《네이처》나 《사이언스》에 발표할 수 있게 준비하자고 했다. 나는 이 '자연 요법'을 《사이언스》보다는 《네이처》에 투고하면 그냥 실어줄 것 같다고 농담했다. 클라비엔 교수는 이것이 《네이처》나 《사이언스》에 발표되고 뉴스로 세상에 알려지면 제약 회사 사람들이 자신을 미워하지 않겠느냐고 농담을 했다.

이에 관한 실험이 더 진행되면서 증류수에서 암세포가 죽는 이유는 단순히 삼투압 현상에 의한 세포 팽창 때문이 아니라 세포막에 있는 에피레이즈라는 효소의 기능 부전으로 세포막 기능이 상실되기 때문임이 밝혀졌다. 맹물과 된장의 효험이 입증되는 현장을 목격했다. 엄청난 과학적 발견도 평범한 곳에서 출발하는 법이다.

폭설 속의 휴식

　지난여름에는 허리케인 '플로이드' 때문에 전쟁 준비하듯 했는데 이번에는 예견치 못한 폭설이 내렸다. 불가항력의 자연 재해는 대비를 한다고 해도 마음의 준비 외에 사실상 크게 준비할 것도 없다. 한마디로 대책이 없는 경우가 많다. 허리케인이 오면 국가적인 재해 대비 시스템인 허리케인 센터에서 시시각각 변하는 허리케인의 진로와 강도와 풍속 등을 실시간으로 중계한다. 그리고 허리케인의 영향권 안에 들 일정 지역의 공공 기관과 학교 들은 모두 문을 닫고 이동을 억제하면서 피해를 줄이기 위해 심하다 싶을 정도로 야단법석을 떤다. 수년 전에는 비바람으로 나무들이 쓰러지면서 전선이 끊겨 1주일간 전기가 공급되지 않아 불편이 이만저만이 아니었다고 한다.

  그래서인지 플로리다에서 허리케인이 올라오고 있다는 보도가 나자 식료품 가게에는 식료품, 양초, 비상 버너와 연료 등이 순식간에 동났다. 남들이 미리 준비할 때 늘 물끄러미 바라만 보는 습관 때문에 나는 대비에 필요한 물품을 구할 수 없었다. 겨울이 춥지 않아서 지내기에 참 좋다고 모두들 한마디씩 하기가 무섭게 1월 하순에 눈바람이 몰아쳤다. 눈은 새록새록 잠자는 아기처럼 밤새 조용히 내려 아침에 일어나 보면 보드라운 눈이 소복이 쌓여 있는 것이 보통인데, 이날은 밤 11시경에 눈바람이 몰아치더니 새벽 1시경에 전기가 끊겼다. 미국의 아파트는 냉난방 장치, 주방 기기 등 아파트에서 사용하는 모든 열기구가 전기로 작동되기 때문에 전기 공급이 중단되면 여름은 더워서, 겨울은 추워서 지낼 수가 없다. 여분의 이불을 꺼내서 두껍게 덮고 약간 추웠지만 하룻밤은 지날 수가 있었다.

  아침에 일어나 보니 바람은 약해졌는데 이미 25센티미터가량 쌓인 눈은 그칠 조짐이 전혀 없이 계속 내리고 있었다. 텔레비전에서는 날씨 중계 방송으로 야단일 텐데, 전기가 들어오지 않으니 방송을 들을 수가 없어 도무지 어떻게 돌아가는지 알 수가 없었다. 아이들 학교고 실험실이고 나갈 엄두도 내지 못하고 그냥 여름에 야외소풍을 위해 준비해 두었던 조개탄을 벽난로에 피우고 라면을 끓여 먹으며 지냈다. '이럴 줄 알았으면 장작을 좀 준비해 둘 걸.' 하는 아쉬움이 들었다. 폭설 속에서 벽난로에 피우는 장작불이 운치가 있을 거라 생각했다.

 오후가 되어도 소식이 없기에 전기 회사에 전화를 했더니 이 지역 12만 명에게 전기가 공급되지 않고 있는데 우리 아파트 지역은 당일 복구 목록에 없다고 했다. 2~3일은 걸릴 거라고 했다. 비가 적은 메마른 지역에서는 나무가 크게 자라지는 못하지만 수분을 찾아 땅속으로 깊이 뿌리를 내리기 때문에 웬만한 가뭄에도 말라죽지 않고 비바람에 넘어지지도 않는다. 이 지역은 비가 많고 땅이 기름지고 날씨가 따뜻하기 때문에 나무들이 땅속 깊이 뿌리를 내릴 필요 없이 지표면에 넓게 뿌리 내린 채 쭉쭉 뻗어 큰 숲을 이루었다. 그래서 나는 큰 나무숲 속에 아파트와 집 들이 들어서 있어서 늘 아름답고 자연 친화적인 삶의 풍경이라고 부러워했다. 하지만 많은 눈과 거센 바람에 뿌리가 얕은 아름드리나무들이 넘어지면서 전깃줄을 수도 없이 끊어 놓았다.

 우리나라의 단전이래야 큰 변압기 한두 곳에 문제가 발생하기 때문에 그만큼 복구가 쉽다. 또 복구 작업 중에 밤이 되면 불을 켜 들고서라도 복구하고야 마는 것이 보통인데 이들은 오후 5시가 되면 작업을 중단하고 내일 다시 했다. 복구에 1주일이나 걸린다는 말이 처음에는 이해가 되지 않았지만 차츰 당연한 것으로 받아들이게 되었다. 우리는 이불 보따리를 챙겨 인근의 채플힐에 사는, 우리 가족처럼 연수 온 전남대 정 교수의 아파트로 피신했다. 그 가족의 따뜻한 환대로 리조트에 머물 때처럼 약간 들뜬 상태에서 휴식을 취할 수 있었다.

그런데 아무리 좋은 친구나 가족이 와서 반갑다고 해도 '민폐'가 지나치면 서로 피곤하므로 날을 봐서 전기가 복구되지 않더라도 장작을 사들고 아파트로 들어가려 했다. 그러던 차에 복구되었다는 소식을 듣고 가벼운 마음으로 아파트로 돌아왔다. 실험실 일로 심신이 피곤했는데 날씨 덕분에 재충전을 할 수 있었다.

쥐를 사이에 둔 신경전

 3월 초에 클라비엔 교수는 취리히 대학교 외과 주임 교수로 내정되어 유럽 지역 학회 참가차 약 열흘간 병원을 떠나 있게 되었다. 그는 떠나기 전에도 실험실 연구원 세미나에서 각자의 실험 결과 발표와 토론이 있은 후에 다음 진행 계획 지시를 잊지 않았다. 그는 항상 주말 세미나 말미에 각자에게 다음 보완 실험을 주문하면서 당장 오늘 오후나 내일 시작할 거냐고 농담 반 진담 반 다그쳤다.
 그동안 나를 제외한 다른 연구원들은 네댓 가지 실험을 진행해 왔으며 각각의 진행 상황을 정기적으로 보고했다. 가장 큰 관심의 대상은 역시 마르쿠스의 과제로, 증류수로 암세포를 죽이는 실험이었다. 대장암, 유방암, 간암의 세포주 배양 실험에서 같은 시간 동안 증류수에 담궜어도 세포주마다 반응도가 각기 달랐다. 이것은 사람마다 개인차가 있는 것과 마찬가지라고 생각되었다. 그런데 실험이 진행되면서 세포의 죽는 기전에 관한 새로운 발견이 있었다. 세포마다 ATP-ADP 전환 과정에서 에피레이즈라는 효소가 중요한 작용을 한다는 사실이 밝혀졌다. 곧 마무리 단계에 이르렀음을 알게 되었다. 그것이 《네이처》에 실릴 수 있을지, 아니면 그보다 낮은 수준의 저널에 실릴지는 아직 판단이 일러 보였다. 그 외에 허혈성 전처치가 간의 재생에 미치는 영향에 관한 연구도 있었다.

스위스에서 의과대학을 졸업하고 바로 온 한네스는 항상 진지하고 성실했다. 내가 그와 인연을 맺게 된 것은 어느 날 수술실에서 클라비엔 교수가 간 절제 전후의 간 손상에 관한 전향적 무작위 인체 실험의 일환으로 조직 채취를 위해 그를 호출했을 때였다.

임상 경험이 없는 그는 환자에 관하여 내가 CT 사진을 짚어가며 설명해 주면 아주 즐겁고 진지하게 받아들였다. 내가 실험실 쪽으로 옮겼을 때는 그에게 실험을 배울 수 있겠다는 생각이 들었다. 우선 임상 실험 뒤치다꺼리로 그를 도와주면서 나중에 하나씩 배워 가야겠다고 생각했고, 그도 내 생각에 대해 항상 "물론이죠!"라고 응대했다.

가장 귀찮은 것은 수술 다음날 중환자실이나 일반 병실에서 하는 ICG 배출 검사였다. 이것은 순수 실험을 위한 검사이기 때문에 실험실 연구원이 몸소 시행했다. 환자의 동의를 받아 5분 간격으로 약 30분 동안 채혈하는 일인데 전후 준비 시간을 포함하면 최소 1시간 30분은 걸렸다. 그 시간만이 문제가 아니라 다른 실험 중에 시간을 내야 하기 때문에 진행 중인 중요한 실험이 영향을 받을 수 있었다. 그래서 여간 귀찮은 일이 아니었다.

나는 그것을 기꺼이 맡았다. 환자와 대화하면서 영어 연습도 하고, 멀게는 자동차로 5시간 거리에서 차를 몰고 온 환자의 주변 얘기나 병에 관한 인식도 이해할 겸 즐거운 마음으로 그 검사를 했다. 하지만 때로는 자존심이 상하기도 하였다. 외국에서 온 의사는 미국 의사면허증이 없으면 채혈을 혼자서 직접 할 수 없기 때문에 학생이나 인턴이 올 때까지 기다려야 했다. 모든 것을 감내하고 귀찮은 일을 하게 된 것은 결국 한네스를 도와 주면서 그로부터 실험에 관하여 하나씩 배우고 싶어서였다.

실제로 그는 실험실 생활 초기에 나에게 많은 것을 가르쳐 주었다. 실험용 쥐 수술의 기본 기술부터 간세포의 자살 현상(apoptosis)을 관찰하는 기본 검사인 TUNEL 검사 등을 하나씩 알려 주었다. 그는 쥐 수술을 차분하게 하면서 잘 정돈하는 스타일이었으며, 외과 수련의 경험이 전혀 없는데도 깔끔하게 잘했다. 컴퓨터 작업도 언제 익혔는지 논문 작성 방법, 참고 문헌 처리용 프로그램 사용법, 데이터와 간단한 통계를 처리할 수 있는 엑셀 운용법 등 내가 어려워 하는 것들을 척척 해결해 주었다. 한국어와 중국어에도 항상 관심을 보여서, 묻는 걸 설명을 해 주면 아주 재미있게 경청했다.

다비트는 1주일 중 사나흘만 출근하고 나머지는 눈에 띄지 않게 골프도 치고 농구도 관람하고 여자친구와 드라이브도 하면서 헤비메탈을 즐기는 스타일이었다. 그런 성격의 사람이 찬찬히 연구를 한다는 것은 어딘가 어울리지 않는다는 인상을 받았지만 그는 자기 연구에 대해 대단한 자부심을 가지고 있었다.

그는 항상 조그만 쥐(mouse)보다는 큰 쥐(rat)를 이용했고, 성격도 거칠어서 수술 전에 쥐를 마취하다가 마취가 너무 심해 걸핏하면 쥐가 죽었다. 그러면 마우스보다 비싼 그 쥐를 그냥 쓰레기통에 던져 버렸다. 그의 주된 실험 연구는 간의 혈액 성분을 분리하여 그중 어떤 물질이 간 손상을 일으키고 간을 보호하는지를 검사하는 것이었다.

그런데 실험이 짧게는 몇 시간, 길게는 며칠씩 걸리기도 했다. 어느 한 단계라도 중요하지 않은 것이 없었다. 중간의 한 단계를 자칫 잘못하면 며칠간의 수고가 허사로 돌아가서 새로 시작해야 했다. 시험관에 세포를 배양하는 등의 작업은 그다지 오래 걸리지 않았지만 실험동물에 조작을 가하는 행위는 많은 시간을 바쳐야 하고 돈도 많이 들었다.

지난 크리스마스 휴가를 떠나기 전에 그는 연속으로 쥐 5마리의 간을 적출하여 관류 실험을 했지만 번번이 실패하였다. 그는 3년째 이 실험실에 있었기 때문에 실험의 핵심을 잘 짚고 단계별 기법도 완숙할 단계인데 차분하지 않은 성격 탓에 실패를 많이 하는 것 같았다.

그를 가르친 영국인 샤니가 떠난 이후로 그 실험은 그의 전유물이 되었고 다른 단백 효소 분석도 그리 복잡한 것은 아니었다. 하지만 그는 그것을 대단한 것으로 여겼고 그 실험이 필요한 사람은 그에게 매달려야 했다. 그는 다른 사람들이 자기에게 의존하도록 만들어서 간단한 실험을 도와 주고 자기 이름이 공저자로 논문에 삽입되기를 바라는 스타일이었다.

내가 그의 실험을 근처에서 보기만 해도 "손대거나 하지 마세요."라고 번번이 소리쳤다. 내가 처음 듀크에 도착했을 때 그가 안내를 맡았는데, 우리 때문에 그는 시간을 잠시 허비했다. 그 후 이식 집담회에서 그가 발표한 후에 통계 자료에 대해 내가 질문한 적이 있는데 그는 공개적으로는 잘 모른다고 대답했다. 집담회가 끝난 후 다과를 나누면서 그는 왜 통계적인 것을 자기에게 물었느냐고 얼굴을 붉혔다. 통계 사항은 생물통계 부서에서 처리하므로 거기에 물어보라고 하면서 나를 쏘아붙였다. 나는 마음이 상했지만 더 이상 시비를 걸지는 않았다.

언어가 다르기 때문에 미묘한 부분은 잘 알아듣지 못했는데,

언어 장벽이 때로는 서로에게 보호막 구실을 해 주기도 했다.

■

군대에서 훈련을 마치고 자대로 배치받은 이등병은 내무반 출입구에 잠자리가 배정되어 겨울에는 찬바람을 자주 맞아야 하고 온갖 심부름과 불편함도 감내해야 하듯이 나는 처음에 출입구에 놓인 책상을 사용하며 드나드는 사람들에게 내 일과 모든 물품이 노출되었다. 몇 달간 있었던 스웨덴의 다니엘이 떠나자 나는 안쪽 창가의 자리를 물려받게 되었다. 그 자리는 다비트와 등진 자리여서 옮기고 싶지 않았지만, 내과 간 연구소 실험실에서 옮겨온 프랑스 여자 내과 의사 나지아에게 내 자리를 물려주어야 했기 때문에 하는 수 없이 옮겼다.

속으로는 각종 실험 시약을 얹어 놓은 선반을 경계로 다비트 쪽과 분리된 마르쿠스의 자리가 두 달 후에 비기 때문에 그리로 옮겨 몇 달을 지내는 것이 마음 편할 거라 생각했다. 나는 나지아에게 창가 자리를 사용하라고 했지만 그녀는 위계상 그렇게 할 수 없다고 하면서 극구 나를 안쪽으로 밀어넣었다. 그녀는 이곳에 와서 마르쿠스와 가까운 사이로 지내 왔기 때문에 실험실 분위기쯤이야 자기 손바닥 안에 있어 보였다. 비록 다비트와 등지고 앉게 되었지만 안쪽 창가에 자리를 잡으니 덜 산만하고 집중하기에 훨씬 좋았다. 맑고 상쾌한 햇빛이 가까이 있어서 내 안이 맑아지는 듯하였다.

■

봄비가 주룩주룩 내리고 있었다. 나는 실험 결과를 마무리하기 위해 내내 쥐 실험에 몰두하였다. 세포의 자살 과정에서 일어나는 효소 단백질의 변화 측정을 다비트에게 배우거나 그와 함께 진행해야만 했다. 그는 실험을 같이 하자 해 놓고선 몇 번이나 약속을 어겼다. 처음에는 바빠서 그러려니 생각했지만 나중에는 약간 의도적임을 알게 되었다. 나의 실험을 그리 달갑게 마무리해 주고 싶은 생각이 없었던 것이다.

자기는 3년 동안 있으면서 첫 1년 동안은 실험을 배우고 궂은 일들을 하면서 적응하는 데 모든 시간을 보내다가 이제 겨우 한두 편의 논문을 낼 수 있게 되었다. 그런데 나는 1년 동안 와 있으면서 그것도 3~4개월을 임상에서 보내다가 실험실로 넘어와 불과 몇 달 만에 그럴듯한 논문을 완성해 가고 있었으므로 그가 시기심을 느낄 만도 했다.

서너 번의 약속을 받아 낸 끝에 간신히 실험을 해 본 결과, 예상이 완전히 빗나갔다. 쥐의 간을 적출하여 생체 냉동을 위해 영하 80도의 냉장고에 보관시켜 두었다가 꺼내어 '카스페이즈'라는 효소 단백질을 측정해 본 결과 다른 데이터와 일치하는 결과가 나오지 않았다. 그때서야 그는, 간 조직을 떼내기 전에 생리 식염수로 간 내에 머물러 있는 혈액을 가능한 깨끗이 씻어 내야 비교적 결과가 잘 나온다고 일러 주었다. 그는 지난 수개월 동안 쥐 실험을 하면서 그 얘기를 해 주지 않았다.

그는 카스페이즈 측정을 위하여 쥐 실험을 다시 할 것을 권했다. 공장에서 우수한 물건을 만드는 일도 여러 차례의 시행착오를 통해 노하우를 쌓고 다른 사람의 시행착오와 성공 비결을 더 해야 한 단계씩 생산 기술이 발전하는 법이다. 실험실에서나 환자를 치료하는 수술에서도 마찬가지라는 것을 그동안의 임상 및 실험 경험에서 알 수 있었다.

다른 실험 데이터와 일치하지 않는 카스페이즈 데이터로 논문을 쓸 수는 없었다. 단순히 효소 단백 측정을 위하여 쥐 실험을 다시 해야 했다. 쉬지 않고 꼬박 10일 정도 해야 겨우 15마리의 간 조직을 얻을 수 있었다. 나는 하는 수 없이 쥐를 흡입 마취시켜 간으로 흘러 들어가는 혈류를 적절한 주기로 차단하는 실험을 계속하였다.

한편 그때까지 세운 가설을 증명하는 생화학적 실험을 하면서, 동시에 각 혈류 차단 주기와 간 손상 정도에 따른 쥐의 실제 생존율을 측정하는 일도 진행해야 했다. 쥐에 대해 이전의 생화학적 변화 측정과 똑같은 방법으로 허혈 처치를 한 후 쥐가 얼마 동안 살아 있는가를 매일 아침저녁으로 관찰해야만 했다. 왜냐하면 가족들과 함께 케이프 허트레스와 아우터 뱅크를 주말에 여행하기로 계획했기 때문이다. 그런데 3일간 쥐를 관찰한 후 주말에 자리를 비운 동안 쥐가 죽으면 죽은 시간을 정확히 알 수 없게 되었다. 수시간을 허비하여 허혈 손상을 가한 쥐의 생존 여부를 관찰하기 위해 승용차 트렁크에 쥐를 실어 가고 싶은 심정이었다.

아우터 뱅크는 북미 대륙 동쪽 해변을 북쪽에서 남쪽으로 흐르는 해류에 의하여 만들어진 길게 뻗은 일종의 모래톱으로, 체사피크 만 입구의 버지니아 해변에서 시작하여 노스캐롤라이나까지 이어진 방파제처럼 생긴 가늘고 긴 섬이다. 그래서 '바깥 방파제(Outer Bank)'라 이름 지어진 모양이다.

미국에는 어느 주든지 그 주의 가장 특징적인 사건이나 자랑거리를 한 가지씩 뽑아 자동차 번호판에 새긴다. 노스캐롤라이나의 자동차 번호판에는 "처녀비행(first in flight)"이라고 빨간 글씨로 씌어 있다. 오하이오 주에 사는 라이트 형제가 바람이 많고 날씨가 좋은 바닷가인 낙스헤드에서 캠프를 쳐 놓고 비행기를 손수 제작하여 교회에 가는 일요일을 제외하고는 매일 30여 차례씩 비행을 시도한 곳이 바로 아우터 뱅크였다.

나는 라이트 형제가 비행기를 띄우려 했던 흔적을 찾아 보고 미국 대륙의 땅끝 등대가 있는 곳에 가 보았다. 나무로 제작된 비행기에 휘발유 발동기를 얹고 프로펠러를 돌려서 바람을 일으킨 후 형과 동생이 번갈아 비행기 위에 엎드려 날개를 조절하면서 공중을 처음 날았을 때의 흥분을 짐작할 수 있었다. 비행기는 처음에 12피트를 나아갔다. 그 다음부터 네 번까지 날았다가 내린 지점에 기념석이 놓여져 있었다. 이들이 처음 하늘을 날았을 때의 기분을 기록한 글이 흥미로웠다.

나는 실제 비행을 하기 전부터 날아다니는 것에 대해 엄청난 흥분을 느꼈다. 언제나 비행이 얼마나 신나는 일인가를 상상하면서 잠자리에 들었다.

실험이나 환자 수술 가운데 보내는 짧은 휴식은 새롭게 호흡을 가다듬고 새 기분을 가질 수 있는 양념 역할을 했다. 나는 쥐 실험을 몇 주간 다시 계속해야 했다.

자존심 대 자존심

우리나라 의과대학의 젊은 교수들은 외국에서 새로운 학문과 실험 기법을 배우기 위하여 연수를 떠나는 것이 보편화되어 있다. 인문과학도 마찬가지지만 자연과학은 단기간에 좋은 성과를 얻기가 어렵다. 괜찮은 논문 몇 편을 마무리하려면 2~3년의 기간이 필요하며 1년간의 외국 연수는 자칫 잘못하면 별 성과도 없이 그냥 가족과 함께 외국 생활을 경험해 보는 것으로 만족해야 한다. 나는 애초에 임상 연수를 목표로 떠났지만 실험을 같이 해 볼 수 있는 좋은 환경에 있게 되어 양쪽을 배우기에 1년이라는 짧은 기간이 매우 아쉬웠다.

그런데 2~3년을 계획으로 유럽에서 온 실험실 연구원들은 나이가 20대 후반 내지는 30대 초반으로 대부분 미혼이었다. 나보다 10년이나 젊고 육체적으로나 정신적으로 활동력과 지적 욕구가 왕성하여 훨씬 유리한 입장에 있었다.

동양인은 서양인에 비하여 나이가 덜 들어 보이는 장점이 있다. 나는 다른 사람들에게 나이 들었다는 표시를 한번도 하지 않았다. 이곳에서 나이 들었다고 해 봐야 도움될 게 하나도 없었다. 나는 가능한 한 많이 배울 계획을 하고 가족이나 다른 한국인들과 즐길 일은 약간 뒤로 미루었다. 간 절제 수술과 외래 진료를 하고 간 이식에서 공여자 수술을 위하여 경비행기로 날아다니기도 하면서 임상 연수 4개월을 보냈다. 그러면서 실험실 세미나에 참여하다가 수술과 관련된 의문들을 실험실에서 해결해 볼 계획을 제안하면서 실험실로 옮겼다. 이후 실험을 진행한 지 3~4개월이 지나면서 실험 데이터가 그럴듯한 '물건'이 되어 가는 느낌을 받았다.

그렇게 하나의 연구 계획을 시작한 지 수개월 만에 결과를 얻었다. 클라비엔 교수는 외과계에서 가장 유명한 《외과 연감》에 발표할 준비를 하라면서 실험 세미나 말미에 몇 차례 언급했다. 그런데 효소 검사 한 가지가 다른 데이터와 일치하지 않아 다시 실험을 했는데, 여러 번 반복해도 마찬가지로 일치하지 않았다. 일반적으로 가설을 증명해 보이는 실험에서는 가설대로 결과가 나오기보다 그 반대일 경우도 많다는 것을 얼마 지나지 않아 알게 되었다.

　한 예로, 1년 전부터 실험을 해 온 한네스는 클라비엔 교수로부터 그럴듯한 아이디어를 얻어, 비교적 정교하게 열심히 실험을 했지만 4~5가지 실험 계획 모두가 가설과 빗나간 결과를 얻어 쥐와 비싼 시약 들을 쓰레기통에 던져 버렸다. 클라비엔 교수는 나의 마지막 실험 결과를 위하여 한네스에게 오차가 생긴 실험을 재현해 보라고 했다. 그는 기꺼이 하겠다고 했다. 하지만 몇 주가 지나도 그는 그 실험을 할 생각을 않고 자기가 해 온 실험에만 매달렸다. 나는 실험을 마무리하고 논문을 써야 하는데 그럴 수가 없었다.

　또 몇 주가 지난 후에 그는 자신의 입장과 생각을 내게 털어놓았다. 1년간 뒤돌아보지 않고 실험에 열중하여 갖가지 프로젝트를 시도해 보았지만 한 가지 결과도 얻지 못하였고 마르쿠스 등 다른 연구원들의 실험에 보조자로만 시간을 허비하여 자신이 주저자인 논문이 한 편도 없다고 했다.

　그런데 임상에서 실험실로 넘어와 불과 몇 달 만에 그럴듯한 논문을 완성해 가는 내 실험을 뒷바라지할 수 없다고 했다. 그런 식으로 또 제2, 제3의 저자로 다른 사람 논문에 이름을 올리는 것이 싫다고 했다.

　그리고 《외과 연감》에 실리는 것은 보통의 영예가 아니라고 덧붙였다. 그는 자신이 주저자가 되지 않는다면 도와줄 수 없다고 했다. 그전까지 늘 호의적으로 가르쳐 주고 일상적인 얘기도 하던 모습과는 달리 상당한 경계심을 품고 말했다. 나는 기분이 몹시 상했다. 그는 처음부터 나에게 호의적으로 대했다. 실험실에서 동물 다루는 법과 생화학 분석법 등을 하나씩 가르쳐 주었다. 그래서 나는 한국 음식과 집에서 직접 구운 빵도 싸다 주었고 그도 한국에 관심과 호기심을 가지고 질문하는 등 매우 친하게 지냈다.

그러나 자기의 성취를 위하여 상대방의 입장을 무시하는 태도에 놀랐다. 논문에서 주저자만이 실질적인 저자로 길이길이 남을 수 있을뿐더러, 주저자로 쓴 주요 논문 몇 편은 장차 취직하는 데 결정적인 역할을 할 수 있기 때문이었다. 나는 귀국하기 전에 그동안 임상과 실험 양쪽 모두를 배우느라 소홀히 해 온 가족들을 위하여 주요 도시 탐방을 포함한 미국 여행을 계획하고 있었기 때문에 마음이 급했다.

그럴수록 한네스는 더 느긋해졌다. 내가 마무리하지 못하면 자동적으로 클라비엔 교수와 함께 몇 년 더 머물 자기가 넘겨받게 되어 있었다. 나는 한네스의 생각을 읽은 후에 며칠간 고민하다 못해 클라비엔 교수에게 그 사실을 얘기했다. 그도 놀랐다. 같은 스위스 출신이더라도 그것은 공정하지 못하다고 생각한 것이다. 그는 "'그것은 당신의 아이디어로 시작했으니 당신 논문이죠."라고 하면서 내 논문에 한네스의 데이터를 첨가하면 될 것이라고 했다.

하지만 그 후에도 한네스는 전혀 추가 실험을 진행하지 않고 시간만 끌었다. 다른 기회에 다시 클라비엔 교수와 얘기를 해 보니 그의 생각이 많이 약해져 있었다. 선임 연구원으로 일해 온 마르쿠스가 외과 레지던트를 계속하기 위하여 독일로 돌아가면 클라비엔 교수는 앞으로 실험실의 모든 운영을 한네스에게 의존해야 한다는 것을 알고 있었다. 그는 "강 선생이 한네스와 다시 잘 얘기해 보고 여의치 않으면 동전을 던져서 주저자를 결정합시다. 그래서 주저자가 정해지면 나머지 한 사람은 첫 번째 공동저자 겸 제2저자로 하지 뭐."라고 했다.

나는 평소에 알고 지내 온, 옆방의 다른 실험실에서 일하는 한국인 여자 연구원에게 이 문제를 털어놓고 자문을 구했다. 실험실에서 더 오랫동안 경험을 쌓아온 그의 대답에 내 마음이 편안해졌다. "선생님은 한국에 안정된 직장이 있잖아요. 양보해 주세요. 여기에서 밤낮 연구에 몰두하는 이 사람들도 결국은 선생님처럼 자리를 잡으려고 하는 것 아닙니까?"

나는 2주간 실험실에 출근을 하여 이것저것 데이터 정리하고 다른 논문도 검색하며 마무리 작업을 하면서 지냈지만, 한네스와는 거리를 두었다. 그러던 어느 날 툭 털어 버렸다. 그를 불러서 내 자존심도 살리면서 그의 자존심도 세워 주는 작전으로 얘기를 시작했다.

"한네스, 자네는 제2, 제3의 저자를 아무것도 아닌 것으로 생각하는데, 내겐 그것도 필요하고 중요하니 자네가 쓰고 있는 논문에 내 이름을 넣어줄 수 있겠나? 그러면 내 논문에 자네를 주저자로 해 주겠네."라고 하니, 그는 밝은 표정으로 "좋습니다. 기꺼이 그러죠."라고 했다. 그러고는 다만 "클라비엔 교수가 허락한다면요."라는 토를 달았다. 나는 클라비엔 교수가 그걸 허용하지 않으리라는 것도 알고 있었다. 그렇지만 내 체면을 세우기 위해 그 정도는 조건으로 내세우고 싶었다. 그래야 자존심이 덜 상할 거라 생각했다.

미국에서 그럴듯한 논문 몇 편을 쓴 후 고국으로 금의환향하고 싶은 마음은 누구나 한결같았다. 제3세계뿐만 아니라 유럽에서 온 연구원들도 그러했다. 나는 이전까지 배우고 익힌 실험 방법들을 친절히 가르쳐 주어 서로에게 고마운 기억을 남기는 것이 좋으리라 생각하며 마음을 달랬다. 일반적으로 실험 연수는 2년 이상이 아니면 받아주지 않는다는 것을 알았고, 한국에 있을 때 이미 클라비엔 교수로부터 그러한 얘기를 들었기 때문에, 겨우 1년 만에 환자 진료와 수술, 거기다 최첨단 의료 기술인 간 이식에 대해 배우고 실험 논문까지 쓰려 한 시도가 어쩌면 무리였는지 모른다.

유명해지거나 어떤 집단에서 지도자가 되는 것과, 정직하고 성실하게 살아가는 것이 항상 일치하지 않고 양극에 자리할 때가 많다. 정치적이고 명예를 앞세울수록 전자에 집착하면서 후자를 무시하지만, 나는 후자에 무게를 두고 싶었다.

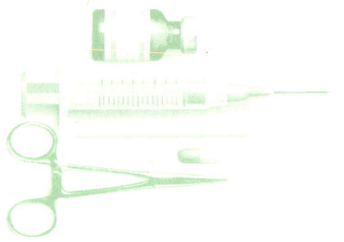

생각의 변화

　이곳에 잠시 둥지를 튼 지 9개월이 넘어가는 시점이었다. 이 실험실에서는 한 주제에 대한 실험 연구를 마무리하고 있었다. 실험실에서 다시 임상으로 방향을 바꾸어 새벽 미명에 일어나 회진을 나가게 되면서 평소에 내 생각에 변화가 온 것임에 틀림없었다.

　나는 시골에서 중학교를 다닐 적에 9시까지 등교했다. 그런데 중학교를 졸업하고 고등학교 입학식을 하던 날, 다음날부터 7시 45분에 등교해야 한다는 말을 들었다. 그 시간에 수업이 시작된다고 했다. 나는 설마 그 시간에 학생들이 모두 등교할 것인지 의문이 들었다. 아침밥을 후루룩 한술 뜨고 골목길을 달려 50계단을 펄쩍펄쩍 뛰어 2층에 있는 교실로 들어서니 7시 46분이었다.

그런데 형광등이 환한 교실에 빈 자리가 거의 없었다. 반 친구들은 모두 제자리에 조용히 앉아 책을 꺼내 놓고 있었고 한문 선생님이 회초리용 막대를 들고 교탁 앞으로 막 들어섰다. 내가 다니던 중학교에는 그때까지도 전기가 들어오지 않았다. 물론 집에도 전깃불이 없어 호롱불 아래에서 공부했기에, 이른 아침에 형광등이 환한 교실에 들어선 나는 무어라 표현할 수 없는 낯설음에 사로잡혔다. 또 중학교 동기라고는 전교에 한 사람도 없는 그 학교에서 도회지 아이들과 처음 만나 수업을 같이 들었기 때문에 심리적 중압감도 느꼈다.

'도시의 아이들은 부지런하고 일찍 일어나는구나.' 하고 생각했다. 그들 중 일부는 30~40분간 버스를 타고 다니거나 교외에서 기차 통학을 하기도 했는데, 나는 그들이 나보다 훨씬 일찍 일어나야 제시간에 올 수 있을 것이라 생각했다. 고등학교 첫 수업에서 일찍 등교하는 것에 거부감이 든 이후, 대학을 졸업하기까지 일찍 일어나서 등교하거나 출근하는 데 대해 무언가 부자연스럽다는 생각을 늘 하게 되었다.

하지만 그때 이후로 일찍 등교하거나 출근하는 것은 일상이 되어 버렸다. 의과대학을 졸업하고 수련의 시절에는 다른 직장과 비교가 되지 않는 이른 시간부터 회진과 수술을 시작했다. 인턴 시절에 기숙사에서 자면서 연차 선배 수련의들로부터 야단을 맞지 않기 위해 한동안 6시에 일어나야 했던 기억이 있다. 오전 8시에 집도를 하기 때문에 수련의는 7시 30분에 수술실로 들어가서 준비를 해야 했다. 그러려면 7시 전에 출근하여 병실 환자를 다 돌아보고 처방을 써 주어야만 했다.

요즘도 일찍 출근해야 하는 경우가 많은데 해가 갈수록 점점 이런 내가 약간은 측은하다는 생각이 들었다. 오랫동안 일찍 출근하는 것이 생활화되었지만 6시에 출근한 기억은 별로 없었다. 그런데 6시에 출근해야 하는 간 이식팀에 지난주부터 합류한 것은 한국에 돌아가서 간 이식을 정착시키겠다는 생각이 더욱 강해졌기 때문이다. 이유는 두 가지였다.

첫 번째 이유는 내적인 확신이었다. 미국에 오기 전까지는 간 이식에 관한 확신이 부족했다. 간 이식은 뇌사자의 간을 간 질환자에게 심어 건강한 생활을 영위해 나가도록 하는 것이다. 나는 여기에 문제점이 있다고 생각했다. 우선 뇌사에 대한 확신이 없었다. 나는 신경과나 신경외과에 대한 경험과 지식이 부족했다. 뇌사라는 것이 약간은 불명확하고 피상적일뿐더러 심리적 근간에는 인간애 같은 것이 작용한 듯했다. 뇌사 상태로 누워 있는 환자가 언젠가 깨어날지 모른다는 미약한 기대도 있었고, 또한 뇌사자의 장기 이식이 윤리적으로나 종교적으로 타당한가에 대한 의문도 들었다.

인간을 포함한 동물의 생명을 마지막까지 유지해 주는 기관은 심장이다. 혈액 순환이 이루어지고 폐로부터 산소가 공급되는 한, 세포 활동은 계속된다.

하지만 『성경』에서는 사람의 생명을 혈액 순환의 중추인 심장에 있다고 보지 않고 산소 공급을 하는 호흡에 있다고 본다. "흙으로 사람을 빚어 그 코에 생기를 불어넣었다." 여기서 '생기'는 생명 활동의 기본, 즉 호흡을 의미한다.

아기는 태어날 때 "응애" 하면서 숨을 들이쉬었다가 내쉬면서 터뜨리는 울음으로 생명의 시작을 알린다. 즉 크게 숨을 들이쉬는 흡기(吸器, inspiration)로 생명이 시작된다. 숨을 내쉬는 것을 호기(呼氣, expiration)라 하는데 삶을 마감할 때 마지막 긴 숨을 내쉬면서 숨을 거둔다.

의사들은 죽음에 대해 사망(death)이라는 단어 대신 호기(expire)라는 단어를 사용한다. 즉 크게 호흡을 내쉬면서 삶을 마감한다고 보는 것이다. 아주 오랜 과거에 씌어진 『성경』의 삶과 죽음에 대한 개념과, 꺼져 가는 생명을 지켜보면서 얻은 경험을 통해 생명의 마감이 호흡에 있다는 생각이 옳다는 믿음을 가지게 되었다.

지금은 뇌사를 한 생명의 사망으로 보아도 무방하다고 생각한다. 자발적인 호흡이 없고 뇌가 제 기능을 못하는 생태에서 심장만 뛰는 뇌사자는 유기적인 세포 활동은 있지만 생명으로서의 가치는 상실했다고 보는 것이 성경적이고도 과학적이라는 결론에 이른 것이다.

두 번째 이유는 다른 사람의 장기가 이식되었을 때 신체가 보이는 면역 거부 반응에 대한 인식 전환이었다. 다른 사람의 장기를 옮겨 심어서 발생하는 면역 거부 반응에 대한 면역 억제 치료는 인간에 있어서 자연적인 생명 현상에 대한 역행이자 현대 과학이 쌓아 올린 또 다른 바벨탑이라고 생각했다.

그런데 많은 이식 면역 학자들의 연구로 면역 거부 반응이 정복되어 가고 있다. 듀크 대학 병원은 초창기 미국의 국가적인 장기 이식 운동뿐만 아니라 이식 면역 연구에서도 선도적인 역할을 했다. 강력한 면역 억제제인 1960년대 초의 '이뮤란'을 필두로 스위스에서 1980년대 초에 개발된 '사이클로스포린' 등은 간 이식 수술 확대에 밑거름이 되었고, 일본 쓰쿠바 지방의 야산에 기생하는 곰팡이에서 추출한 'FK 506'은 훨씬 강한 면역 억제 기능을 보여서 부작용을 줄이고 이식 성공률을 높이는 데 큰 기여를 했다.

최근에는 면역 억제제의 장기간 사용과 부작용을 피하기 위한 항진균제의 개발로 장기 이식이 안정적으로 확대되어 가고 있다. 간 이식 후 1개월 정도는 여러 가지 문제점이 발생하지만 잘 조절하여 1년이 지나면 제 기능이 가능하다는 것을 듀크 대학의 외래 진료실에서 확인할 수 있었다.

대학 동기인 마취과 의사도 국내에서 간 이식을 받은 후 근 8년이 지났는데, 여전히 마취과 의사로 일하면서 한 가정의 가장으로 건강하게 살아가고 있다. 이제는 우리나라도 국가적인 전산망의 확립으로 전국의 환자들이 등록되어 전국 어디에서 발생한 뇌사자든 간에 긴급도와 조직적합도에 따라 가장 필요한 사람에게 장기가 전달할 수 있는 시스템이 가동되고 있다.

이렇게 장기 이식이 활성화되고 있는 시점에서 나는 더 이상 머뭇거릴 이유가 없었다. 불혹이 넘어서도 새벽 6시에 병원에 나가는 데 대해 과거에 가졌던 자조 섞인 불평은 거의 사라졌다. 일반적으로 6시에 병원에 나가면 외과 인턴과 레지던트가 선임 레지던트의 지휘하에 회진을 한다. 그러나 내가 있는 간 이식 외과의 경우는 젊은 교수 2명, 연구 강사 2명, 수련의까지 모두가 이 시간에 회진을 시작했다. 나는 환자의 문제점을 수련의로부터 보고받아 확인하고 처방을 내리는 회진을 통하여 이식 환자의 수술 후 처치를 생생하게 익힐 수 있었다. 그래서 이른 아침의 회진이지만 적극적으로 하게 되었다. 미국의 의사들은 다른 직장에서 일하는 사람보다 더 일찍 출근하여 많은 일을 하면서도 짜증 섞인 반응은 좀체 보이지 않았다. 그들의 기본적인 성향인지도 모른다.

가족 여행

　귀국할 날이 한 달밖에 남지 않았다. 실험도 거의 마무리 지었고 논문 주저자 문제도 양보하고 나니 한결 마음이 가벼워졌다. 계절이 변할 때마다 그 계절이 한 번이자 마지막이라는 생각이 늘 머릿속에 있었다. 5월 말에 미국의 현충일 연휴를 끼고 집을 출발하여 열흘간의 미국 동북부 여행을 시작했다. 가족애를 기르고 새로운 체험도 하기로 결심하여 텐트와 침낭을 준비했다. 비교적 큰 6기통 승용차를 빌렸지만 짐이 너무 많았다. 1차 목적지는 버지니아의 루레이 동굴이었다. 현충일 연휴가 시작되고 비도 올 것 같아서 목적지 근처의 호텔에 예약을 해 두었다.

　우리는 결혼하고부터 항상 어디를 갈 계획을 하더라도 예정된 시간에 출발이나 도착을 하지 못하는 것이 오랜 습관이 되어 있었다. 오전에 미국 간학회에 제출할 논문의 초록을 마무리하고 마지막 실험 결과를 넘겨 주어야 했기 때문에 병원에 나갔다. 그래서 오후 늦게서야 출발할 수 있었다. 목적지가 산중에 있는 동굴이어서인지 밤 11시 이후에 도착하면 관리인이 호텔 프런트 출입문을 잠그고 퇴근을 한다는 전화 연락을 받았다.

지도를 보니 호텔을 향해 마지막으로 찾아 올라가는 길이 설악산 한계령처럼 꼬불꼬불했고, 밤이기도 하고 짙은 안개도 끼어 예상보다 시간이 많이 걸렸다. 오가는 차량도 거의 없어서 약간은 으스스한 기분마저 드는 데다가 11시까지 도착해야 한다는 압박감 때문에 운전이 조급해졌다. 산중 마을의 목적지 루레이에 10시 57분에 도착하였고 호텔에는 11시가 넘어서 들어갔지만 야간 당직 아주머니가 반갑게 맞으며 열쇠를 건네 주었다.

다음날 우리는 우리나라의 성유굴이나 고씨동굴 같은 석회암 동굴을 찾았다. 규모나 모양새가 좀 더 크고 아름다웠다. 종유석의 모양 자체가 자연 그대로이고 코린트식 건물 기둥 같은 것이 많기도 했지만 예술적인 안목을 가진 사람의 설계가 가미되어 있기도 했다. 석순들이 빼곡한 곳에 얕게 물을 가두고 적절한 조명을 쏘아 라스베이거스 같은 도시의 미니어처를 연출해 놓기도 했다.

천장이 높은 대성당에는 전자오르간과 스피커가 설치되어 음악이 울려 퍼지고 있었다. 가장 자연적인 대 연주홀에서의 완벽

한 하모니를 들을 수 있는 음악당이라고 그럴듯하게 설명을 해 놓았지만, 자연스러운 음의 반사나 울림이 고려되지 않은 공간에서 인공적인 소리가 좋은 음으로 들릴 리가 없었다. 그래도 그것을 설계한 사람을 칭송하는 기념탑이 중앙에 세워져 있었다.

동굴의 마지막 관람 포인트는 '소원 성취 연못'이라는 곳으로, 맑은 물이 흐르는 조그만 계곡이었다. 연못물 속으로 조명을 밝게 비추어 놓았는데 소원 성취를 기원하면서 동전을 던져 넣는 곳이었다. 동굴 속에 고인 작은 선녀탕은 영롱한 비취빛을 띠고 있었다. 구리 동전이 우러난 물빛은 나뭇잎의 신록이 반사되어 설악산의 깊은 계곡물처럼 더없이 맑게 느껴졌다. 연못가에는 매년 수거한 동전의 액수와 자선 사업 내용이 기록되어 있었다. 지난해에 모인 동전은 어느 시립 병원 보조 기금으로 사용되었다고 적혀 있었다. 나는 이런 동전 던지는 곳을 볼 때마다 의도적으로 외면해 버렸지만, 마지막 문구에 자극받아 귀국 후 간 이식을 성공적으로 발전시킬 수 있기를 바라는 마음에서 동전 두 개를 던지고 루레이 동굴을 뒤로했다.

다음 목적지는 나이아가라 폭포. 비가 내리고 있었기 때문에 저녁까지 거기에 닿지 못하면 근처의 여관에서 묵기로 마음먹었다. 만약 북쪽에 비가 오지 않고 춥지 않으면 적당한 곳에 차를 세워 준비한 텐트를 치고 캠핑을 하자고 큰 녀석과 장단을 맞추기도 했다. 애팔레치아 산맥의 버지니아 북쪽 끝을 넘어 펜실베이니아로 들어서서 주를 가로지르는 70번과 79번 고속도로에 올랐다. 그 길로 간 이식 수술의 메카인 피츠버그를 지나 펜실베이니아의 북서쪽 끝인 이리 호에 인접한 이리 시에는 저녁 9시가 되어서야 도착했다.

이름만 들어도 가슴 설레는 간 이식의 상징인 피츠버그 대학 병원과 간 이식 분야의 선구자인 외과 의사 토머스 스타즐을 떠올리며 시내라도 한번 들러볼까 생각하다가 가야 할 긴 여정을 생각하며 그냥 지나칠 수밖에 없었다. 펜실베이니아 주 전체에 걸쳐 장대 같은 비가 계속 내렸는데 이리 호에 닿기 30분 전부터는 비가 온 흔적조차 없이 하늘이 뻥 뚫렸다.

나는 남북전쟁의 역사를 잘 몰랐지만 미국에 와서 그것의 조감도를 그려 볼 수 있었다. 남부는 천혜의 풍부한 일조량을 바탕으로 흑인 노예를 이용한 농사를 주로 하고 북부는 영국을 비롯한 유럽의 기술을 바탕으로 공업을 발달시켜 남부와는 다른 산업 기반을 가지고 있었다. 노예 해방을 찬성하는 북부 지도자들과, 농기구가 오늘날처럼 발달되지 않아 노예가 없이는 그 광활한 농장을 경작할 수 없었던 남부 지도자들의 생존을 건 전쟁을 눈앞에 그려 보았다. 북부와 남부의 경계인 버지니아 지역이 주요 전쟁터였음을 유적으로 알 수 있었다. 그런데 그것은 정확히 기후대와 관계가 있어 보였다. 남부의 고온다습한 기단과 북부의 한랭기단이 만나 남북을 가르는 경계 지역에 많은 비를 뿌렸다. 그 지역이 바로 노스캐롤라이나와 버지니아 지역이다. 장대비를 뚫고 온 지역은 한랭 전선과 온난 전선이 충돌하는 지역, 바로 그 전쟁터였다.

이리 호 지역은 캐롤라이나나 버지니아와 달리 약간은 쌀쌀하여 반팔 차림으로는 바깥에 나갈 수 없었다. 이리 호 근처의 캠핑 지역인 코아(KOA: Camp of America)를 탐색할 겸 주변을 둘러보았는데, 연휴를 맞아 많은 사람들이 텐트나 레저용 차량으로 진을 치고 있었다. 이런 날씨에 도저히 텐트는 안 되겠다고 생각하여 싼 호텔 하나를 찾았다. 그곳은 아주 깨끗하고 할인 쿠폰도 이용할 수 있어서 텐트 캠핑 장소를 이용하는 요금으로 상쾌하게 하루를 묵을 수 있었다.

다음날 동북쪽으로 한 시간 반을 달려 버펄로 시에 닿은 후 나이아가라 폭포를 찾았다. 폭포는 왼쪽의 미국 지역을 등지고 있어서 캐나다 지역 쪽으로 가서야 무지개를 포함한 거대한 폭포의 전체 광경을 볼 수 있었다. 대자연은 미국을 등지고 캐나다를 향하여 장대한 물줄기를 떨어뜨리고 있었다. 캐나다가 관광객을 끌 수 있는 좋은 쪽을 차지하고 있었다. "아, 이것이 나이아가라 폭포구나!" 수천 년을 찰나도 쉬지 않았고, 앞으로도 이 지구가 존재하는 한 쉬지 않을 저 거대한 자연의 힘이 펼치는 파노라마에 빠져들었다. 순간이 아닌 시간의 연속선상에서 살아 있는 자연의 힘에 경외감을 느끼게 되었다. 인간이 만든 작품 치고 에너지의 한계가 없는 것이 어디 있을까? 폭포를 안쪽에서 바깥쪽으로 보기 위해 들어갈 수 있도록 파 놓은 굴은 위대한 자연에 대한 인간의 결례라고 생각되었다.

■

캐나다와 미국은 무지개다리를 사이에 둔 이웃 나라이고 자연환경과 사람도 비슷하지만 눈에 띄게 다른 점들이 있다. 캐나다는 거리와 집 들이 깨끗하지 않고 신호등도 미국에 비해 쫓기듯 바쁘게 바뀌었고, 몇 군데 호텔을 찾아가 봤지만 낯선 손님에게 편안한 느낌을 주지 못했다.

우리는 친절한 인도인이 경영하는 깨끗하고 저렴한 호텔에서 하루를 묵었다. 막내의 생일인데 파티도 열지 못하고 우리는 캐나다의 토론토로 향했다. 도로와 집 들이 미국에 비해 정리가 덜 되어 있고 이정표도 마일대신 미터법을 써서 약간은 우리나라를 연상시켰다. 토론토 시내는 서울 한복판처럼 건물이 높고 도로가 복잡했다. 아이들과 시내 중앙의 온타리오 호숫가에 위치한 높이 500미터의 타워에 올라 토론토 시내와 온타리오 호수, 도로 위를 오가는 차와 사람들, 바다에 조그만 비행장에서 장난감 행글라이더처럼 뜨고 내리는 작은 비행기 등을 내려다보았다.

이곳 사람들은 마치 사회주의 국가에서 일하는 공무원처럼 상냥한 맛이 적고 매우 경직되어 있었다. 만약 외국인이 일본에 들렸다가 한국을 들러보면 미국에서 캐나다를 넘어온 기분을 느끼지 않을까 하고 생각해 보았다. 사람과 자연의 겉모습이 같거나 비슷하더라도 사람이 가진 생각과 사고방식에 따라 세월이 지나면서 그만큼 차이를 가지게 되는 것이다.

■

다음날은 뉴욕 주를 가로질러 매사추세츠의 보스턴 근처 호텔까지 가는 데 하루를 꼬박 보내야 했다. 지난해 여름에 워싱턴의 스미스소니언 박물관과 국회의사당, 백악관을 둘러보면서 그 규모에 기가 질렸다. 그때 나는 실험실에 돌아가 유럽에서 온 친구들에게 내 소감을 얘기했다. "워싱턴을 가 보고서야 왜 미국이 세계를 지배하는지 알게 되었습니다." 그러자 독일에서 온 마르쿠스는 "그렇다고 우리가 2위는 아니죠."라고 했다. 그 독일인은 유구한 역사와 문화유산 그리고 모든 면에서 미국에 뒤지지 않는 게르만 특유의 자존심과 우월성을 내세웠다. 나는 독일을 가 보지 않았기에 더 이상 논쟁은 않고 그냥 "정말 그렇습니까?"라고만 말했다.

그런데 하버드 대학이나 보스턴의 대학들에서 연수나 공부를 한 사람들은 비싼 물가에 불편한 교통에도 불구하고 또 다른 자부심을 간직하고 있었다. "워싱턴은 미국의 수도이고 뉴욕은 지구의 수도지만 보스턴은 우주의 수도이다."라고 넉살 부리는 모습을 보았다.

　보스턴에는 미국의 다른 지역보다 훨씬 유럽풍이고, 아름답고 커다란 건물들이 즐비했다. 그러나 우리나라에서 지방에 사는 사람이 서울을 방문하면 복잡하고 불편하듯이 노스캐롤라이나의 작은 도시에 살던 우리는 보스턴의 복잡한 교통에 익숙지 않았다. 그래서 매사추세츠 병원과 하버드 대학, 매사추세츠 공과대학 등을 시내버스로 관광하면서 아름다운 건물에 감탄하거나 신기해하기보다 낯설음과 불편함에 지쳤다.

　우리는 다음날 예일 대학이 있는, 아름다운 바다를 낀 코네티컷 주의 역사적인 항구 도시 미스틱에 들렀다가 뉴욕에 닿았다. 뉴욕은 처음 방문하는 사람에게 보스턴보다 더 복잡한 도시로 다가왔다. 세계무역센터 쌍둥이 빌딩, 메트로폴리탄 박물관, 엠파이어스테이트 빌딩 등의 고층 건물 숲을 둘러봤으나 도로에서 많은 시간을 보내고 긴 거리를 걸어야 했기 때문에 아이들과 다니기에는 피곤한 도시였다.

　뉴욕을 정오경에 출발하여 볼티모어를 향했다. 다음 자정이 되어서야 볼티모어 근교의 한 여관에 들어가 모두 지쳐 쓰러져 잤다. 아침 일찍 이번 여행의 마지막 최종 목적지이자, 연수 기간 중 꼭 한 번 방문하여 췌·십이지장 수술을 보고 싶었던 존스 홉킨스 대학 병원을 향했다.

대가를 만나다

3년 전 아시아 간·담·췌장 외과 학회의 초청 연사로 동경에서 만났던 '여' 교수와 두 달 전에 미리 연락을 취했다. 나는 그와 주임 교수 캐머론 과장의 췌·십이지장 절제 수술(Whipple) 3건이 이틀 동안 예정되어 있는 존스 홉킨스 대학 병원을 방문하여 참관을 하기로 했었다. 나의 방문을 준비해 준 비서 크리스틴 마틴의 방을 찾아갔다.

근대 의학의 발상지로서 근대 외과 수술을 확립했고 역사적으로 유명한 외과 의사들을 배출한 존스 홉킨스 대학 병원을 방문하여 전공 분야인 췌·십이지장 절제 수술을 참관하는 것은 매우 뜻 깊은 일이었다.

내가 이들의 수술을 보고 싶었던 이유는 메이요 클리닉이나 하버드 대학 같은 곳에서 보고된 췌장 수술 성적과는 비교가 안 될 정도로 합병증과 수술 사망률이 낮다고 최근 5~6년간 계속 의학 저널에 보고되었을뿐더러 매년 그 수술 건수가 늘어나고 있다는 사실을 알았기 때문이다.

내가 접촉할 수 있었던 '여' 교수는 아직 소장 의사였고, 외과 주임 교수인 캐머론은 현존 미국 외과 의사 중에서 학문적으로나 정치적으로 수장 역할을 하는 인물이었다. 비서 마틴은 캐머론 주임 교수와 '여' 교수와의 면담 시간을 따로 잡아 놓았다.

사실 캐머론 교수는 많은 간·담 외과 책이나 논문을 통해 알고 있었지만 그를 만나거나 수술을 참관하는 것은 좀 부담스러웠다. 마틴은 그의 휘플 수술이 지금 진행되고 있다고 했다. 그리고 내일 아침에는 면담이, 오늘 오후 3시에는 '여' 교수와의 면담이 계획되어 있다고 했다. 그러면 캐머론 교수의 수술을 볼 수 있겠느냐고 물으니 수련의 한 사람을 불러서 나를 수술실로 인도하여 캐머론 교수에게 직접 소개해 주었다. 그래서 진행되고 있는 췌장·공장 문합 수술을 볼 수 있었다.

그는 한국에 관하여 많은 것을 알고 있었다. 나에게 인천 상륙 작전의 명장 맥아더 장군을 아느냐고 물었다. 나는 "물론입니다. 초등학교 시절 교과서에 나온 인물입니다."라고 대답했다. 그는 인천 상륙 작전의 의미를 수술 조수인 세 명의 의사가 듣도록 설명하기 시작했다. "조석간만의 차이가 매우 큰 인천 앞바다에 야간을 이용하여 군인들을 실어 날라 북한군의 허를 찌름으로써 수도 서울을 되찾을 수 있었지. 그는 한국 전쟁의 영웅일 뿐만 아니라 미국의 영웅이지."라고 했다. 그는 1960년대 초에 맥아더의 전기를 읽어 자세히 알게 되었다고 했다.

그는 "한국 경제는 어떻죠? 좀 회복되고 있습니까?"라고 물었다. 나는 인터넷 신문을 통해 알고 있는 수준에서 "많이 안정되어 가고 있는 것으로 알지만 아직 좀 불안해 보입니다."라고 답했다.

나이가 제법 들어 보이는 한 조수 의사는 한국에 관하여 더 잘 알고 있었다. 자기는 '현대 차'를 두 대나 가지고 있는데 1992년산 엘란트라는 큰 문제없이 잘 굴러가고 있으며 1988년산 엑셀은 좀 약하지만 아직 타고 다닌다고 했다.

캐머론 교수가 한마디 거들었다. "이 친구 부인이 한국 사람이었어. 그런데 그 부인이 이 친구를 더 이상 좋아하지 않는단 말야." 아마 결혼했다가 이혼한 모양이었다. 나중엔 자기 이름을 대면서 우리말로 자기 소개를 하였다. 캐머론 교수는 수술 중에 많은 얘기를 하고 가끔씩 껄껄 웃기도 하면서 매우 육중한 위엄을 느끼게 했다. 그는 선임 수련의로 보이는 의사를 수술자로 세워 놓고 지도하면서 매우 빠른 속도로 한 단계씩 진행하는 스타일이었다.

그는 나에게뿐만 아니라 누구에게든 천천히 또박또박 얘기를 했다. 서울에서 왔느냐고 묻기에 한국의 세 번째 큰 도시인 대구에서 왔다고 하면서 같은 과의 임 교수 얘기를 꺼내자 금방 알아들었다. 나는 미국에 오기 전에 임 교수로부터 캐머론 교수를 만나 깊은 교감을 나누었다는 얘기를 들었다. 그는 임 교수와 서울의 다른 한 교수에 대해 매우 예의바르고 좋은 사람들이라고 하면서 한국 의사와 한국인에 대해 대단한 호감을 보였다.

후반부 수술만을 보았기 때문에 중요한 절제 수술은 볼 수 없었다. 그는 수술을 마무리 짓고 나갈 때 정식으로 악수를 청하며 내일 아침에 췌·십이지장 수술이 하나 더 있으니 그때 보자고 하면서 수술실을 나섰다.

나는 얼마간 더 수술실에 머물다가 약속 시간이 되어 '여' 교수의 수술실을 찾아갔다. 하지만 그는 바빠서 나와 인사도 제대로 나눌 수 없었다. 오후 2시에 그의 방에 찾아갔을 때도 그는 자기 일을 거의 다 끝낼 때까지 20여 분간 나를 비서실에서 기다리게 했다.

그는 마침내 웃음을 보이면서 "어떻게 오셨어요?"로 나에게 첫마디를 꺼냈다. 그는 사실 나의 방문 목적을 미리 알고 있었다. 다음날 아침에 캐머론 교수와 자기 수술이 연속으로 있으니 캐머론 교수의 수술 참관이 끝나면 자기 수술실로 건너오라고 일러주었다. 수술실의 위치가 다르니 어떻게 건너올 수 있는지는 수술실에서 물어 보라고 했다. 그는 자신의 최근 저작인 『췌장암의 최신 지견』이라는 소책자에 사인을 한 후 나에게 건넸다. 나는 그것을 받아들고 방을 나섰다.

세계적으로 명성이 높아가는 차세대 유명 인물인 그로서는 여러 가지 일로 바쁠 테니 나 같은 사람은 귀빈(귀찮은 빈대)임에 틀림없었다. 나는 이른 오후에 병원을 더 둘러보았다. 책에서만 보거나 말로만 들은 저명한 근대 외과 의사 윌리엄 홀스테드, 심장 수술의 선구자 블랠록 등의 이름이 붙은 건물과, 그들을 포함한 많은 역사적 인물들의 초상화가 걸린 고색창연한 건물들을 보며 고풍스러운 감상에 빠졌다.

그런데 수술실은 유명한 외과 의사들의 활동 무대에 걸맞지 않게 초라한 구석이 많았다. 바닥이 검고 벽이 타일로 처리된 구식 수술실 중에는 아주 너저분한 곳도 있었다. 존스 홉킨스 대학 병원만큼은 오래되지 않았지만 75년의 역사를 가진 듀크 대학 병원은 아주 달랐다. 듀크 대학 병원은 모든 구석이 깨끗하며, 외관과 실내 장식은 최고의 자재로 되어 있었다. 이 세계 최고의 병원은 건물이나 시설에 의해서가 아니라 그것을 움직이는 사람에 의해 좌우된다는 사실을 다시 한번 확인하였다. 무엇보다도 외과 사무실 근처에 마련되어 있는 외과 전용 도서실과, 외과에서 구독하는 수십 종의 의학 저널과 제본을 보면서 이 병원 외과의 무게를 다시금 실감했다.

오후에는 가족들과 함께 체사피크 만의 가장 깊숙한 내항인 이너 하버로 갔다. 거기서 수상택시를 타고 작은 항구 도시이자 존스 홉킨스 대학 병원이 있고 야구로 유명한 볼티모어 시를 멀리서 바라보았다.

다음날 일찍 면담 예정 시간에 캐머론 주임 교수의 방을 찾았다. 세계 최고 병원의 외과 주임 교수의 연구실답게 아주 큼직한 방에 응접용 소파와 두 비서가 문 앞에서 맞아주었다.

나는 약속한 시간에 정확히 그의 방에 들어섰고 그는 소파에서 나를 기다리고 있는 듯했다. 그는 일어서서 나에게 두 손으로 악수를 청했다. 그는 미국에서의 내 연구 성과에 관해 물었고 나는 듀크 대학에서 얻은 성과를 설명했다. 그는 또 간 이식에 대한 나의 관심도를 들으면서 생체 부분 간 이식 수술에 관해 물었다. 그것이 나의 관심사라고 답하자 그는 지금 한 수술실에서 그 수술을 시작할 예정이니 참관한 후에 자기 수술실로 오라고 했다.

"제가 이곳에 온 일차 목적은 선생님의 휘플 수술을 보는 것입니다. 생체 부분 간 이식은 다른 곳에서 본 적이 있고 앞으로도 볼 기회가 있을 것 같습니다. 그렇지만 말씀하신 그 수술을 보고 교수님의 수술실로 가겠습니다."라고 한 뒤 나는 그 수술실로 갔다. 비록 이틀이지만 많은 것을 보고 가라는 배려로 느껴져서 고마웠다. 그런데 확인해 보니 그 수술실의 간 이식 수술은 오후 늦게 예정되어 있었고 캐머론 교수의 수술은 이미 조수들을 통해 상당히 진행되고 있었다.

얼마 지나지 않아 캐머론 교수는 2번 수술실로 들어와서 수술복과 수술 장갑을 착용하고 수술에 임했다. 췌장 종양은 상당히 크고 많이 진행되어 있었다. 간에 생긴 콩알만 한 덩어리는 병리조직 검사를 위해 병리과로 보내졌다. 종양을 들어내기 위해 췌장 후면을 이리저리 박리해 나갔지만 간문맥 가까이에도 암 조직이 침범되어 있는 듯하였고, 어찌 되었거나 수술자들은 종양을 떼 내려는 생각이 앞서 있었다.

교과서대로라면 주위 림프샘이나 간으로의 전이가 있을 경우 수술에 엄청난 부담이 오므로 췌·십이지장 수술이 금지되어 있다. 캐머론 교수는 수술을 골똘히 보고 있는 나를 힐끗 보면서 "환자 나이 53세는 꽤 젊죠. 나의 경험으로 볼 때, 종양 외에 다른 것은 다 건강하므로 할 수만 있다면 다 떼어 내는 쪽이 떼어 내지 않는 쪽보다 오래살 확률이 높습니다."라고 하며 종양을 요리조리 만지면서 혈관이 인접한 곳으로 접근해 들어갔다.

혈관 쪽에 접근하던 중 정맥 가지 손상과 대정맥 손상 등 두 차례나 제법 많은 출혈이 있기도 했다. 아무리 유명한 의사라도 나이가 들면 어쩔 수 없구나라는 생각이 들기도 했다. 이 수술은 나에게 좋지 않다고 느껴져 다른 방에서 진행되는 '여' 교수의 수술이 자꾸 생각났다. 그렇지만 대가의 수술을 뒤로 하고 젊은 의사의 수술실로 간다는 것은 예의상 있을 수 없는 일이었다. 나는 이 수술이 어떻게 진행될 것인지, 대가는 이럴 때 어떻게 하는지를 지켜 봐야겠다고 생각했다.

그도 역시 절제는 무리가 아닌가라고 판단했는지 다시금 골반 쪽 암 전이 여부를 깊숙이 밀어 넣은 왼손을 통해 확인하였다. 전이된 다른 종양의 징후는 없는 듯했다. 그는 두세 번 더 되뇌었다. "이런 경우도 절제만 되면 더 오래살 수 있죠. 나의 다른 환자는 3년 반을 아직 탈 없이 살고 있거든요." 하면서 자기의 수술을 정당화하려 했다. 그렇다. '자기 결정의 정당화'였다.

언제나 환자와 자신에게 최선을 다하려 하지만 때로는 뜻하지 않은 치명적인 실수나 결과가 발생할 수 있는 것이 외과 수술이다. 대가의 실수는 용서가 되지만 신출내기의 실수는 용납할 수 없는 것이 환자의 심리다. 간문맥 쪽에 붙어 있는 지름 5센티미터의 종양을 조금씩 박리하여 마침내 종양을 주위 조직으로부터 분리하고 췌장의 경부를 잘라 완전히 들어냈다.

종양 전체를 병리실로 보내 절단부에 남은 종양을 확인했지만 절제 면에 암세포가 없다는 답을 얻었다. 수술팀 모두는 환호하면서 병리 조직 검사를 담당한 의사에게 "고맙습니다!"를 연발했다. 완전한 절제 수술이 된 것이다. 나는 수술 초반에 가졌던 대가의 노령에 대한 의구심을 완전히 씻어내고 '대가는 역시 대가'라는 말을 중얼거렸다. 췌장·공장 문합술이 거의 마무리되어 갈 무렵, 나는 대가에게 결례가 되지 않게 말을 꺼냈다. "어제와 오늘의 수술에서 제가 배우고 느낀 점을 말씀드려도 되겠습니까?" 그는 "물론이죠."라고 대답했다.

"제가 배운 두 가지 중 첫째는 췌장을 절제한 후 연결한 췌장을 상당히 더 많이 박리하여 연결할 충분한 자리를 확보해야 한다는 것이고, 둘째는 췌장을 봉합할 때 상당히 깊게 떠야 한다는 점입니다. 저의 관점에서 볼 때, 그것은 췌장액 누출 방지에 대단히 중요하다고 생각됩니다." 그는 "정확히 관찰했군요! 그것은 매우 중요합니다. 그리고 연결 부위가 소장으로 완전히 덮이도록 이렇게 꿰매는 것도 중요하죠."라고 하면서 수술 부위를 혈관 감자로 가리키며 말했다.

나는 "교수님의 수술에서는 췌장액 누출률이 몇 퍼센트 정도 됩니까?"라고 물었다. 그러자 "내가 한 수술에서는 4퍼센트이고 우리 병원 전체로는 10퍼센트입니다."라고 하며 잘 물었다는 듯이 어깨를 으쓱였다. 나의 관찰 의견과 질문에 대해 그가 상당히 만족한 듯한 느낌을 받았다.

나는 겸연쩍게 말을 꺼냈다. "여기서부터는 어제의 수술에서 봤습니다. 다른 방에서 진행되고 있는……." 그는 "강 선생, 무슨 말을 하려는지 이해하겠으니 어서 다른 수술실로 가보세요."라고 했다. 나는 그의 배려에 또 한번 고마웠다. 그는 내가 한국에 돌아가거든 임 교수에게 꼭 안부를 전해 달라고 부탁했다.

나는 진정으로 감사하다는 인사를 남기고 그의 수술실을 나섰다. 과거에 만난 한국인 외과 의사에 대한 좋은 이미지가 나에게 좋은 우산으로 작용한 듯해 기분이 좋았다. 대가가 항상 수술을 잘하는 것은 아니지만, 그는 대가답게 정말 어려운 상황에서 수술 방향 결정과 수술 기법의 모범을 보여 주었다.

류시화 시인의 시집 제목과 같은 "지금 내가 알고 있는 걸 그 때에도 알았더라면."이 떠올랐다. 많은 합병증과 나쁜 결과 후에야 안정된 수술이 가능하기 때문이다. 어제 캐머론 교수가 수술실을 나간 후 수술을 마무리하는 조수들과 잠시 나눈 대화에서 '여' 교수가 수술을 대단히 잘한다고 들었기에 그의 수술을 꼭 보고 싶었다. 듀크 대학 병원에서 근 1년 동안 수술실을 드나들었기 때문에, 간호사와 직원에게 물어 다른 건물에 있는 그의 수술실을 찾아가는 것은 그리 어려운 일이 아니었다.

'여' 교수 역시 췌장 마지막 절제에 땀을 뻘뻘 흘리고 있었다. 그는 나를 보자 자기 사무실에 내가 남겨 놓은 한국산 인삼차에 감사를 표했다. 자기는 커피를 마시지 않기 때문에 차를 보고 기뻤다고 했다. 환자는 우루과이에서 왔는데, 한 달 전에 위 절제 수술을 받았고 췌장 쪽에 종양이 남아 있어서 다시 수술한다고 했다. 수술 후 한 달 만에 수술 부위에 재접근하는 것은 쉽지 않은 일임을 잘 알고 있었다.

그는 매우 천천히 하나씩, 어쩌면 내가 하는 속도보다 더 느리게 장간막 동맥과 간문맥 부위에 인접한 종양 조직을 박리해 나갔다. 드디어 종양이 완전히 절제되었다. 췌장과 담도와 소장의 연결이 마무리되는 것을 보고 나서 곧장 수술실을 나섰다. 노스캐롤라이나로 돌아가기 위해 가족들과 약속한 시간을 40분가량 넘겼기 때문이다. 그런데 그의 수술은 내가 해 온 수술과 큰 차이가 없었다.

　내가 머문 숙소 옆에는 남미 니카라과에서 온 위암 환자가 머물고 있었다. 우리나라에서 유명한 부유층들도 이곳에 수술받으러 많이 왔다. 이곳의 의술이 사실상 우리나라와 큰 차이가 없고 위암이나 간암 등의 경우 우리나라가 더 낫다고 생각하는 나로서는 많은 경비를 지불해 가며 이곳까지 오는 환자들의 기분을 어떻게 이해해야 할지 모르겠다.

과학의 날

　클라비엔 교수는 토요일을 "과학의 날"이라 명명하고 회진이 끝나면 환자에 관해서는 일체 얘기하지 않고 실험에 대해서만 토의했다. 그는 월·화요일에는 외래 환자 진료로, 수·목요일에는 수술로 바쁘다가 금요일에는 각종 업무를 처리했다. 토요일에는 모든 연구원들의 실험 연구 결과를 일일이 경청한 후 결과에 대해 평을 하고 다음 계획을 지시했다.
　연구원들은 쉴 새 없이 일을 했다. 보통의 실험실은 임상 연구 의사나 기초 연구 지도 교수의 지휘하에 박사후과정의 연구원 또는 2~3명의 연구 강사 및 연구 기사 들로 구성되어 있으나, 이 연구실은 특이하게 간 외과 의사인 클라비엔 교수의 지휘하에 외과 수련의나 외과 지망 의사들로만 구성되어 있었다.

반복되는 단순한 일들도 연구 기사에게 맡겨 놓으면 늑장을 부리기 쉽기 때문에 연구원들이 직접 했다. 그러면서 배워야 나중에 연구실을 지휘할 때 기사들의 잘못을 지적할 수 있다는 것이 클라비엔 교수의 방침이기 때문이었다.

임상 실험의 주된 연구 과제는 간 절제 수술을 할 동안 출혈을 줄이기 위하여 간으로 흘러 들어가는 혈관을 졸라매서 혈류를 차단하는 방법에 관한 것이었다. 임상 실험의 대상이 되는 환자들에게는, 새로운 방법이 동물 실험을 통해 더 나은 것으로 증명되었다고 설명한 후, 본인의 판단을 물어 서면으로 동의를 얻었다. 만약 환자가 허락하면 과거의 방법과 새로운 방법을 무작위로 제비뽑기해서 하나를 선택하여 그 방법으로 수술을 진행했다. 환자들 중 90퍼센트 이상은 이 실험에 동의해 주었다. 자신은 이제 살 만큼 살았으니 의학 발전에 도움이 된다면 임상 실험에 응하겠다는 마음이었다.

나는 2주 전부터 현미경하에서 생쥐에 대한 간 혈류 차단 수술 연습을 해 왔다. 실험 시약이나 시간을 절약하려면 생쥐 수술 기법이 일정 수준에 이르러야 했다. 현미경하에서의 수술은 새로운 경험이었다. 90분 이상 마취가 유지되게 하는 방법이 첫 극복 과제였는데 정형외과 연구실에 와 있는 중국 여의사의 도움으로 비교적 쉽게 해결되었다.

그렇게 다른 실험실에서 사용하고 버린 살아 있는 쥐를 가져다가 열심히 연습을 하던 중에 잠시 중단하고 댈러스에서 열리는 미국 간학회에 참석하게 되었다. 댈러스는 텍사스 주에 있었다. 미용 재료 사업을 하면서 10년 전부터 그곳에 살아온 친구가 있다는 소식을 들어서 그를 한번 만나 봐야지 하는 기대가 있었다.

공중에서 내려다 본 댈러스는 사막에 조성된 도시여서 약간 삭막하게 느껴졌다. 나무도 별로 없고 깡마른 흙에 건물만 빼곡히 들어서 있었다. 친구가 공항까지 마중 나와 한국인이 경영하는 일식당에서 식사를 하며 오랫동안 각자가 살아온 얘기를 짧은 시간에나마 나누었다.

미국에 이민 와서 처음에 고생하지 않은 사람은 거의 없다. 친구도 20여 년 전에 유학생 비자로 들어와서 엄청난 고생을 한 끝에 이제 어느 정도 사업 기반을 잡아 남부럽지 않게 대궐 같은 집에서 살고 있었다. 부럽기도 하고 대단해 보여 마음껏 축하해 주었다. 그는 좀 더 돈을 번 후에 한국에 돌아가서 사업을 계속하는 게 소박한 꿈이라고 했다. 군 복무를 마치고 부산의 한 병원에 취직되어 갔을 때, 부산에서 10년이 넘게 타향살이를 하며 언제 대구로 돌아갈까를 날마다 고대하던 친구들의 모습이 떠올랐다.

친구는 케네디 대통령 암살 장소와 기념박물관으로 나를 안내했다. 케네디 대통령을 암살하기 위해 저격범이 총을 겨누었던 도로변의 건물이 박물관으로 운영되고 있었다. 그의 죽음을 애도하며 역사를 되새기는 미국인들을 보면서, 고(故) 박정희 대통령이 암살된 궁정동 '중정 안가'가 허물어진 것을 아쉬워했다. 왜 우리는 역사를 쉽게 지워 버릴까? 우리는 역사의식이 없는가?

도착한 날에 잠깐 시내를 둘러보았을 뿐, 4일 내내 유명 연구 기관에서 온 연구원들의 발표에 참가하면서 새로운 지식을 배우느라 정신이 없었다. 명칭은 미국 간학회지만 유럽, 일본, 중국 등을 비롯해 우리나라에서도 50명가량이 참석하여 전체 5000여 명이 모인 세계적인 학회였다. 이 학회의 발표자들과 좌담가들은 간 분야의 첨단을 이끌어 가는 대가들이라고 생각했기 때문에, 나는 이들의 얘기에 귀를 기울여 새로 밝혀진 생명 현상의 비밀들을 조금이나마 접해 보고 싶었다.

이 학회에서 클라비엔 교수의 실험실 연구원들도 여러 건의 발표를 했다. 뿐만 아니라 '허혈/재관류 손상'이라고 하는 제목의 워크숍을 클라비엔 교수가 주관했다. 그 워크숍은 세계에서 1500명이나 등록했기 때문에 준비도 대단히 많이 했다. 발표 연습도 여러 번 하고 슬라이드도 몇 번이고 점검하였다. 책을 몇 권이나 집필한 대가가 발표를 위하여 여러 번 연습하는 모습을 보고 나는 우리나라 학회에서 발표 준비에 소홀한 것이 부끄러웠다.

워크숍 전날인 학회 둘째 날, 실험실 연구원 일행은 본점이 브

라질에 있고 휴스턴과 댈러스에 하나씩 지점을 둔 '포구 데 차오'라는 불갈빗집에 가서 20여 분을 기다린 끝에 좌석을 배정받아 앉았다. 그 집에서는 남미의 암송아지와 암양을 포함한 이름 모를 종류의 부드러운 고기들을 긴 쇠막대에 끼워 잘 익힌 다음 얇게 자른 스테이크와 포도주가 나왔다. 나는 발표를 앞둔 4명의 연구원들과 함께 즐겁게 긴장을 풀었다.

클라비엔 교수는 특유의 발표 능력과 말재주로 연구 결과를 잘 발표하여 처음 듣는 사람도 쉽게 이해할 수 있도록 했다. 나는 연구에만 전념하는 기초 의학자들과의 연구 토론을 주관하는 외과 의사의 모습을 그려 본 적이 없었다. 연구 기금이나 인력 등의 환경이 미국과는 다른 우리나라에서는 이와 같은 연구를 겸하는 외과 의사를 만나기가 쉽지 않다. 일본은 조그만 지방 대학에서도 여러 가지 복잡한 연구 결과를 발표했지만, 우리나라는 일본에 비하여 미미했다.

■

간 절제나 이식 시에 시행하는 간 혈류 차단은 의과대학 외과 강의 시간에 프링글 기법으로 언급된다. 그런데 혈류 차단 자체로 인한 간 손상은 별로 심하지 않고, 혈액을 재관류시킬 때부터 혈액과 간세포 자체에서 발생하는 다양한 물질들(사이토카인 등)에 의한 간 손상이 더 심하다. 이 손상 기전 중 하나는 세포 자살

(apoptosis)이라는 과정임이 밝혀진 것은 불과 몇 년 전이었다. 그 전에는 그냥 혈액이 공급되지 않아서 세포가 죽는 허혈성 괴사라고 인식했다. 이 실험실은 그 기전의 상당 부분을 밝혀내는 데 기여하였다.

과학이라는 것은 그냥 당연한 것으로 받아들이면 별 것 아니지만 그 배경 원리를 알면 신기하고 오묘하기 그지없다. 사과가 나무에서 떨어지는 것을 당연한 자연 현상으로 무심하게 받아들이던 시절에 뉴턴은 중력이라는 개념으로 그 원리를 설명하였다. 하늘을 보며 태양이 돈다고 생각했던 시대에 갈릴레오는 반대로 지구의 자전을 생각했다. 천체망원경으로 우주를 관찰하듯이 오늘날 생명과학에서는 생명 현상의 비밀을 밝혀내기 위해 전자 현미경을 비롯한 첨단 기기들로 세포 속의 우주를 관찰한다.

'세포 자살.' 이것은 현재 많은 의학자들(생화학자, 세포생리학자, 세포병리학자, 암 연구원, 간 연구원 등)이 매달리는 연구 과제 중 하나이다. 간염 등의 감염이나 약물, 혈류 차단, 외상 같은 세포 손상 요인이 가해지면 세포막을 통해 세포 내로 신호가 전달되어 각종 물질이 분비된다. 그 물질은 미토콘드리아 여러 세포 소기관으로 전달되고 거기서도 여러 물질이 분비되어 처음 신호가 발생한 곳으로 전달됨으로써 세포의 생사를 결정하게 된다.

모든 생명체는 나름대로의 수명이 있듯이 세포도 일정 기간을 살다가 죽게 되어 있다. 그리고 죽어 가는 세포의 빈 자리를 태어나는 세포가 메운다. 장기마다 세포의 수명이 각기 다르다. 혈액 세포들의 수명은 비교적 짧다. 이들은 끊임없이 일을 하기 때문일까? 적혈구의 수명은 90~120일이고, 좀 더 열심히 일하는 백혈구는 30일가량을 산다. 소화관의 상피세포도 끊임없이 흘러내려오는 음식의 소화와 흡수로 지쳐서인지 5~7일간 살다가 떨어져 나가서 죽는다. 그리하여 새로 자라 나오는 세포에게 자리를 물려준다. 반면 개체와 함께 태어나서 함께 죽고 재생되지도 않는 신경세포가 있다.

간세포의 수명을 정확하게 관찰한 보고는 없지만 대략 1만 개의 간세포 중 2~3개가 세포 자살이라는 과정을 거쳐 죽는다. 메이요 클리닉의 그레고리 고어즈 박사는 이것이 천체망원경으로 밤하늘을 쳐다보며 떨어지는 유성을 관찰하는 것과 같은 정도라고 했다.

그런데 세포는 왜 자살을 하는가! 아리스토텔레스는 인간은 사회적 동물이라고 했다. 사람은 혼자서 살 수 없다. 때로는 다투기도 하지만 서로 도와가면서 살아간다. 만약 어떤 실망과 좌절에서 도저히 벗어날 수 없을 경우에는 삶을 포기하거나 정상적인 신체 또는 정신 기능을 상실하기도 한다. 세포도 인간이라는 개체처럼 독립적으로 살 수 없으며, 세포끼리 서로 신호를 주고받으며 살아간다. 만약 한 세포가 정상적으로 신호를 주고받지 못하게 되면 세포 자살이라는 과정을 통해 일찍 죽는다. 라프 박사는 이것을 '세포의 사회적 조절 과정'이라고 설명한다.

  나는 만물은 유기적으로 연결되어 있어서 어느 하나도 따로인 것이 없다는 것을 발견하게 되어 기쁘다.

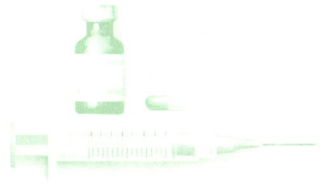

미국의 한국인

해외 연수 기간 동안 제한된 시간과 공간에서지만 미국 속의 한국에 관해 많은 것들을 알게 되었다. 우선 공항에서 자동차를 타고 달릴 때 우리나라 대기업의 광고판을 바라보며 묘한 긍지를 느꼈다. 우리나라에서는 광고판에 되도록 눈길을 주기 싫었지만 이국땅에서는 우리 기업의 광고판을 보고 또 보았다. 전자 제품 전문 백화점에는 한국산 제품이 즐비하였고, 자동차 판매 회사마다 우리 자동차 회사 이름들이 걸려 있었으며, 초등학교 교실에서 한국산 텔레비전과 컴퓨터를 봤을 때 무척 뿌듯했다.

강한 햇볕이 내리쬐는 여름에 도착한 우리를 가장 먼저 반겨준 곳은 교회였다. 조그만 시골 도시 '랠리, 더럼, 채플힐'에는 오랜 역사의 유명한 대학과 세계적인 기업과 연구소가 많아 유학생은 물론이고 연구원으로 일하는 한국인들이 적지 않았다. 공부와 일을 함께하지만 감정적으로 깊은 교감이 어려운 외국인들과 살아가면서, 우리나라 사람들의 친밀감을 느끼며 마음의 위안을 받은 곳은 매주 일요일마다 찾은 교회였다. 그곳에서는 김치를 곁들인 점심식사와 더불어 우리말로 서로의 살아가는 이야기하며 즐거움을 맛볼 수 있었고, 또한 삼일절이나 광복절에 조국애도 느낄 수 있었다.

■

어느 날, 듀크 대학 병원의 이식 집담회에서 의료보험과 사회사업 문제 담당자가 "사회사업적 측면에서의 이식 수술"이라는 제목하에 미국인의 30~40퍼센트는 의료보험료를 내기 어려운 저소득층은 무보험자들이라고 했다. 제3세계에서 온 불법 체류자들도 많기 때문에 실제 숫자는 잘 파악되지도 않는다고 했다. 한국인 교회를 통하여 우리나라 유학생들과 이민자들 중에도 의료보험에 가입하지 않거나 못한 사람들이 있음을 알 수 있었다.

어느 유학생 가정에서 유치원생이 넘어져 팔이 부러졌는데도 병원에 데려가지 못했다. 그 아이는 우리나라에서 1960년대에 흔히 볼 수 있었던 풍경처럼 각목(角木)으로 부목(副木)을 댄 채 버티다가, 정형외과를 전공한 교환 교수의 진찰을 받았다. 그리고 비용이 들지만 장기적으로 볼 때 의료보험에 가입하는 편이 낫다는 그의 권유에 따라 나중에 병원에서 제대로 진료를 받게 되었다.

건설 현장에서 일하던 30대 후반의 젊은 이민자도 마찬가지로 의료보험에 가입하지 못한 상태였다. 복통이 있었지만 그냥 진통제만 먹고 며칠을 지내다가 뭔가 심상치 않다고 생각하여 외과 의사인 나에게 간단하게 진찰이라도 해 달라고 찾아 왔다. 병력을 듣고 복부를 진찰해 보니 급성 충수염이었다. 충수염이 진행되어 곪아터져서 부분적으로 농양이 생긴 듯했다. 병원에 가서 수술을 받도록 권유했다. 그는 다음날 6시간을 운전하여 자신의 거주지인 워싱턴으로 가서 한국인 외과 개원의에게 수술을 받겠다고 했다. 나는 의료비에 대해서는 잘 몰랐지만 나보다 미국에서 더 오래 살아온 그에게 무조건 수술을 받으라고 했다. 그런데 그날 저녁에 더 이상은 참을 수 없어서 인근의 시립 병원 응급실에서 밤새 수술을 받았다고 다음날 연락이 왔다.

듀크 대학 외과에서 파견 근무하는 그 병원 수련의에게 물어보니 그 환자는 충수돌기가 심하게 곪아터져서 염증과 더불어 종양 조직일지 모를 부분도 있어서 대장까지 절제했다고 했다. 뿐만 아니라 수술 후에 상처가 곪아 2주 이상 입원 치료를 받았는데 병원비가 3만 달러 정도 나왔다고 들었다. 그리고 그 비용은 당장 내지는 않아도 되지만 매월 능력이 되는 대로 일정액을 20년이든 30년이든 계속 갚아 나가야 한다고 했다.

한국에서 떠나기 전에 온 가족이 치과를 방문하여 1년 동안 문제가 없도록 점검과 치료를 받았는데, 네 살이던 막내에게 넉 달이 지나서 충치가 생기기 시작했다. 그런데 모든 가족이 의료보험에는 가입했지만 치과 보험은 들지 않았다. 인근 치과에 예약을 하고 진찰을 받았는데 비용이 만만치 않았다. 듀크 대학 외과의 젊은 교수에게 어려움을 얘기하고 치과 의사인 부인을 통하여 소아 치과 의사를 소개받았다. 하지만 아무 때나 진료를 받을 수 없었다. 전화로 예약을 하니 거의 2주 후로 예약이 잡혔다. 이가 아프다고 밤마다 울어도 진통제로 달래야 했다. 아무튼 4개의 충치를 치료하는 데 1500달러나 들었다. 두 달 치 아파트 임대료를 지불한 셈이었다.

환자 입장에서 볼 때, 전 국민이 의료보험에 가입된 한국이 미국보다 훨씬 병원 문턱이 낮다. 또한 의료비에 비하여 진료 수준 높다고 생각된다. 요즘은 재미 교포들이 적잖게 한국으로 날아와 수술받고 돌아간다. 의료 수준과 비용을 고려할 때 그편이 나은 것이다.

■

한국인 연구원 김 박사는 한국에서 생명과학 관련 학과를 졸업한 후 영국 왕립 런던 대학에서 박사 학위를 마치고 듀크 대학으로 왔다. 그는 심폐 기능에 관한 연구를 주로 하는 스탬러 박사의 연구실에서 박사후과정을 밟고 있었다. 그는 자신의 연구실에서 세포의 신호 전달 과정에 관한 우수한 논문들이 많이 나와 최고의 과학 저널인 《사이언스》, 《네이처》, 《셀》 등에 실려 왔다고 했다. 그러면서 노벨 의학상에 근접한 연구를 하고 있는 연구실이라고 하여, 그곳에서 일하는 것 자체만으로도 자랑스러워 보였다. 그는 자신도 1년 정도 실험을 하고 나면 《사이언스》나 《셀》에 논문을 실을 수 있을 거라고 했다. 정말 2년 후 《셀》에 그가 주저자인 논문이 실렸다.

나는 그에게 한 가지 질문을 했다. "유럽에서 미국으로 연수받으러 온 연구원들도 《네이처》나 《사이언스》에 논문이 실리면 괜찮은 대학의 교수로 초빙된다고 들었는데, 앞으로 어느 정도의 경력을 쌓은 후에 한국으로 돌아갈 생각입니까?" 그는 한국으로 돌아가지 않고 미국의 연구소에서 일할 예정이라고 했다. 나는 한국의 대학에 돌아가서 연구와 후진 양성을 하는 것이 좋지 않으냐고 물었다. 그는 그렇지 않다고 했다. 자신은 한국에서 소위 명문 대학을 졸업하지 못했기 때문에 돌아가 봤자 좋은 대접을 못 받을 거라고 하면서, 그런 서러움을 당할 바에야 연구 실적으로 승부하는 미국에서 일하는 편이 훨씬 속 편하다고 했다.

최근 우리나라의 대학들도 변화의 바람이 일고 있으나 아직 갈 길이 먼 듯하다. 명문 대학을 졸업하지 못했더라도 대학 졸업 이후에 두각을 드러낸 능력 있는 학자들을 우리나라의 대학이나 연구 기관에서 수용할 수 있는 환경이 절실하다고 생각된다. 이것은 중·고등학교 교육의 정상화에도 기여할 거라고 기대해 본다.

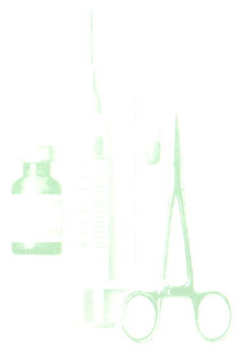

의사의 길

의료 파업의 한편에서는

　1년간의 미국 연수를 마치고 귀국했을 때 몸이 상당히 지쳐 있었다. 시차 적응이 되고 정상적인 생활 리듬이 잡혀갈 무렵, 예고되었던 모순투성이 의약 분업 강행에 맞선 의사들, 특히 수련의들의 결사항전이 시작되었다. 그들은 병원을 뛰쳐나가 정부를 격렬히 비판하면서 의료 파업에 돌입했다. 그래서 교수들은 수련의들이 떠난 대학 병원의 병실과 중환자실과 응급실에서 거의 모든 일과 시간을 바쳐야 했다.

　중환자실과 일반 병실에는 퇴원할 수 없는 환자만 남겨 놓고 다른 환자는 모두 퇴원시켰다. 수련의들이 떠난 대학 병원에서는 중환자를 포함한 입원 및 응급 환자들을 돌보는 일들과, 환자를 처음 진찰한 후 해야 할 모든 처치와 의무 기록 등도 교수들의 몫이었다. 아침에 출근하면 환자 처치와 불가피한 수술을 하고 거의 매일 열리는 비상 대책 회의에 참가한 후 다음날의 처치를 위한 처방을 내고 연구실에 들어서면 이미 한밤중이었다. 파업 기간 동안 해가 있을 때 퇴근해 본 적이 없었다.

파업이 2주쯤 지나 심리적, 육체적으로 상당히 지친 주말에, 교통사고로 십이지장과 췌장이 절단되고 비장 정맥이 파열된 청년(Y 군)을 수술하게 되었다. 수술 후에도 나는 중환자실에서 몸과 마음이 떠나지 않았다. 회사에서 열심히 일해 모은 돈으로 조그만 아파트까지 장만하여 결혼을 계획했던 청년이 휴가 여행 중에 중앙선을 넘어 달려오는 트럭과 정면충돌하는 사고를 당했던 것이다.

나는 토요일에 출근하자마자 전날 당직이었던 회갑 줄의 L 교수가 새벽에 입원시켜 놓은 그 청년과 내가 담당인 환자들을 볼 겸 중환자실로 먼저 갔다. 그 청년은 복부 통증이 심하고 복부 팽만도 오는 것 같다고 간호사가 보고했다. CT 사진을 보니 복강 내에 유리 공기(遊離空氣)가 많이 있었다.

'복강 내 유리 공기.' 이것은 무슨 원인에 의해서든 생긴 장관 천공(腸管穿孔)의 증거일 가능성이 높았다. 장이 터져도 매우 심하게 터졌을 것 같았다. 방사선과 교수에게 CT 판독을 받아 확인한 후 수술을 해야겠다고 결정하고 전날 당직이었던 L 교수에게 연락을 했다. 그는 최근에 복부 수술을 많이 하지 않았을 뿐더러 전날 당직이었기 때문에 당일 당직인 내가 집도하기로 했다.

토요일 정오가 넘은 시간에 L 교수는 수련의들을 대신하여 수술 조수를 서게 되었다. 수술 팀은 보통 4명이지만 오늘은 단 둘이서 수술해야 했다. 시간이 15년 정도 거꾸로 흘러 내가 수련의였고 그가 40대의 젊은 외과 의사였을 시절이 문득 떠올랐다. 간호사가 입혀 주는 수술복을 입고 수술장갑을 끼면서 "잘못 뽑아 놓은 지도자 덕분에 좋은 경험하네. 그렇지 않은가?" 하며 간호사를 빤히 쳐다보는 그의 모습은 밤새 당직을 서고 주말인데도 이렇게 수술실에 들어선 서글픔을 달래는 듯했다.

개복한 결과, 십이지장과 췌장이 완전히 절단되어 있었고 췌장 뒷쪽에 있는 비장정맥이 찢겨 대량 출혈이 있었다가 혈전으로 출혈이 멎은 상태였다. 오른쪽 신장동맥이 막혀 신장이 상한 것은 수술 전에 CT 사진으로 알았기 때문에 더 이상의 출혈을 막기 위해 후복막(後腹膜)은 열지 않았다. 간은 주위를 감싼 얇은 막은 터지지 않았지만 그 안에 핏덩어리가 고여 있음을 손으로 만져 알 수 있었다.

나는 수련의 때 심한 췌·십이지장 손상으로 사선을 넘나들다가 기사회생한 두 젊은이(이 군과 김 군)의 이름을 잊지 않고 있었다. 두 젊은이는 대학 입학을 앞둔 청소년들이었다. 이 군은 김 군보다 더 심하게 다쳐 수술을 4번 정도 하였고 죽을 고비도 여러 차례 넘기다가 6개월 만에 회복하여 퇴원하였다. 그 후 겨울이면 온상 재배한 참외를 몇 박스씩 들고 와서 담당 의사와 간호사들에게 돌리곤 하였다. 김 군은 췌장관 누공(漏孔)으로 오랫동안 병실 신세를 지다가 완치되어 다음해 겨울에 눈 덮인 팔공산을 함께 오른 기억이 있다.

하지만 이 수술은 심각한 합병증의 가능성이 높아서 췌장·공장 문합부가 아물지 않아 몇 주간 췌장액이 흘러나오다가 다른 혈관을 녹여 걷잡을 수 없는 출혈을 일으키거나, 복강에 농양이 생겨 체력이 시름시름 약해지다가 폐렴이나 급성 폐부전 증후군이 올 가능성을 염두에 두었다. 이 수술은 경험이 많은 L 교수의 동의를 얻어 원위부 췌장 단면에는 췌·십이지장·공장 문합술을, 근위부 췌장 단면에는 결찰 봉합을 각각 진행하고 절단된 십이지장에는 일차 봉합술을 시행했다.

보통 수술은 마무리하는 순간에 감각으로 예후까지 짐작해 볼 수 있다. '잠자는 사자'라는 별명을 달고 있는 췌장은, 잠재우려는 노력을 아무리 열심히 하더라도 마치 꼬챙이로 잠자는 사자를 건드리는 것 같은 실수를 하여 탈이 나는 경우가 많기 때문에 속단은 금물이었지만, 그래도 수술은 비교적 만족스러웠다.

때로는 수술자의 기분대로 환자의 회복이 따라주지 않기도 했다. 우려했던 대로 수술 후 닷새가 지나자 췌장액이 배액관으로 약간씩 새기 시작했다. 이후의 일은 예측할 수가 없었다. 단백질과 지방질을 분해하는 효소를 많이 포함한 이 맹물 같은 액체는 모든 조직을 녹일 수 있었다. 가장 우려되는 것은 혈관벽을 녹여 갑자기 일어나는 대량 출혈이었다. 또한 췌장액 누출이 오랫동안 지속되다가 농양이 형성되면 패혈증에 빠질 수도 있었다. 신체에는 오묘하게도 그 독한 소화액을 방어하는 기전도 발달되어 있어서 누출될 대로 누출되다가 서서히 누관이 막혀 마침내 낫는 경우도 아주 많다.

우리는 이것을 기대하며 경정맥을 통한 고영양 요법과, 합병증 방지를 위한 관리를 열심히 하였다. 그런데 한쪽 신장이 망가져 췌장누공(膵臟漏孔)이라는 합병증의 큰 짐을 안은 신체가 남은 한쪽 신장으로 버텨내기 힘들었던지 급성 신부전증에 빠졌다. 수술 후 9일째부터 혈액 투석을 하면서 장기전에 대비해야 했다. 급성 신부전증은 투석을 하면서 잘 관리만 하면 회복될 수 있기 때문에 청년의 아버지에게 큰 문제는 아니라고 설명했다. 그의 부모는 중환자실 앞에서 떠날 줄 모르고 밤낮 지켰으며, 내가 출입할 때마다 붙잡으며 긍정적인 변화의 소식을 기대했다.

이산 가족 상봉의 극적인 장면들이 연일 텔레비전과 신문지면을 뒤덮었지만 의사들은 정부의 대책 회의와 여론 동향에 귀를 세우고 있었다. 나는 당직을 서고 병실 환자들을 돌보면서 파업 후 의약 분업이 어디로 흘러갈지와 정부 및 여론의 동향에 귀를 기울이면서 육체적, 심리적 공황에 빠진 채 무기력한 나날을 보냈다. 텔레비전에서 칠순 노인이 아흔 넘은 노모를 꼭 부둥켜 잡은 채 만남의 기쁨과 분단의 통한을 울부짖을 때 내 눈가에도 눈물이 흥건했다. 그리고 한편으로 의약 분업 대책에 대한 정부의 외면에 분노했다. 대통령은 광복절 기념 식사에서, 남북 화해의 큰 물결 속에서 집단 이기주의로 개혁을 막고 있는 의사들을 용납할 수 없으며 의약 분업 시행과 정착을 기필코 실현하겠다고 강변했다. 이산 가족들이 만날 기약도 없이 헤어진 지 3일 후에 대통령은 똑같은 어조로 의사들을 향하여 다시 철퇴를 가했다. 수련의들이 경찰의 곤봉에 두들겨 맞아 피를 철철 흘리는 사진들이 비상 대책 회의 사무실에 걸렸다.

Y 군의 수술이 끝난 지 한 달이 지난 무렵에 우려했던 일이 일어났다. 열이 떨어지지 않고 백혈구가 증가하여 CT 촬영을 해 보니 농양은 없었으나 간·십이지장 동맥에 가성 동맥류가 발생하여 언제 터질지 모를 지경에 있었다. 급히 방사선과 치료팀의 K 교수에게 의뢰하여 동맥 색전술을 시행함으로써 대량 출혈의 위험을 사전에 차단했다. 예방적 처치는 잘된 셈이었다. 중환자의 치료는 수술이 결정적인 역할을 하지만, 합병증을 줄이거나 일찍 발견하여 잘 대처하는 것도 매우 중요하다. 합병증이 발생한 후에도 잘 치료하면 원래 목표한 대로 상태를 회복시킬 수 있기 때문이다. 그러나 지식과 경험에 따른 최선의 처치를 하더라도 환자가 가족을 남겨 둔 채 속절없이 떠나는 경우도 많이 봐

왔다.

 Y 군의 경우 깎아지른 벼랑 끝을 걸어가는 듯한 아슬아슬한 상황이었지만 본인은 그런 위험을 느끼지 못한 채 중환자실에서 간호사들과 농담도 하면서 하루하루 회복을 기다리고 있었다. Y 군의 병세는 조금 안정되어 갔다. 약 3주 동안 소변 배출이 거의 없었는데 이제 술술 나오기 시작했다. 췌장액 누출도 약간씩 줄어들었으나 여전히 하루에 한두 번씩 열이 오르고 백혈구가 증가했다.

 그런데 다친 지 6주 정도 되던 어느 날 밤, 그는 심한 경련을 일으키면서 의식을 잃고 쓰러졌다. CT 촬영을 해 보니 지주막하 출혈로 뇌가 심한 부종에 빠져 있었고 신경외과에 자문을 구했더니 회복 불능이라고 했다. 아마 뇌혈관 동맥류가 있었을 것이라 했다. 갑자기 맥이 빠졌다. 그는 뇌사 상태에서 인공호흡기에 마지막 생명을 기대다가 5일 후에 결국 사망하고 말았다. 밤낮 중환자실 앞에서 회복을 기대하며 내 얼굴만 바라보고 버텨온 부모는 하늘이 무너지는 것 같았을 것이다. 29세의 젊은 나이에 음주운전으로 중앙선을 넘어온 트럭에 당한 억울한 죽음을 끌어안고 유족들은 통곡하였다. 회복되기를 기대하면서 한 달 반 동안 치료해 온 나로서는 Y 군의 부모를 바라볼 면목이 없었다.

 신부전증으로 3주간 가슴을 졸이다가 노란 오줌이 호스로 흘러나오는 것을 보고 아버지는 아들의 고추를 만지면서 얼굴에 미소를 띠었다. 그 기뻐하던 모습을 보며 나도 속으로 '이제 됐구나.' 했었다. 나는 지난 추석 연휴에 고향으로 가기 전, 그가 회복될 가능성을 염두에 두고 "사람이 감당치 못할 시험을 너희에게 허락지 아니 하노니 시험당할 즈음 피할 길을 내시사 능히 그 시험을 감당케 하시느니라."라는 성경 구절을 적은 카드를 책에 끼워 Y 군에게 전했다. 추석에 Y 군의 아버지는 고향에 다녀온 후, 동네 사람들이 아들을 간호하는 아버지와 어머니를 대신하여 익어 가는 깨도 찌며 농사일을 다 해 놓았다는 얘기를 들려주었다. 또 감이랑 배가 굵고 탐스럽게 익어 가니 퇴원하여 같이 따자고 할 때 빙그레 웃음을 띠며 그러리라 다짐하던 그의 모습을 나는 아직도 지울 수가 없다.

의사는 환자의 보호자를 아주 가까이 하고 싶을 때도 있지만 의식적으로 약간의 거리를 두면서 격을 잃지 않으려고 애쓴다. 항상 최악의 경우를 대비한다. 기분대로 너무 가까이 대하다가 상황이 나빠지면 서로의 입장이 난처해질 수도 있다. 영안실에서 Y 군의 아버지를 만나 꼭 위로의 말씀을 전하고 싶었으나 시간을 내기도 어려웠지만 나를 얼마나 원망할까 하는 생각에 머뭇거리다가 결국 만나지 못했다.

이 글을 적으면서 자꾸만 눈물이 난다. 왜 다른 환자들의 죽음보다 Y 군의 죽음이 더 슬픈 것일까? 파업으로 인한 심리적, 육체적 고통을 감내하면서 그를 돌봐 온 수고에도 불구하고 좋은 결실을 얻지 못한 허망함 때문이기도 하겠지만, 한창인 젊음을 꽃피우지 못한 억울한 죽음과 그 참척(慘慽)을 당한 부모들에 대한 연민 때문일 것이다. 나는 얼마간 세월이 지나면 잊어버리겠지만 부모는 살아 있는 한 그 아픔을 달랠 길이 없을 것이다.

파업이 끝나고 수련의들이 복귀한 후 보름쯤 지났을까. 난데없이 비보가 들려왔다. 서울에 있는 의과대학 지방 분원의 내과 과장으로 근무하면서 나와 마찬가지로, 파업 때문에 개인 병원에 가지 못하고 대학 병원으로 몰려든 환자들을 돌보느라 근무 시간을 넘기면서까지 내시경 검사와 진료를 감당해 온 친구 S가 밤에 텔레비전을 보며 소파에 쓰러져 자다가 깨어나지 못하고 영면한 것이다. 그는 평소에 잔병이 없었고 주말에는 테니스를 즐겨서 팔다리가 근육질로 다져진 단단한 체격이었으며, 어렵게 살아 가는 사람들을 남모르게 도우며 살아 왔었다. 그래서 그를 아는 사람들은 모두 안타까워했다.

한 달쯤 지나 그 슬픔이 채 가시기도 전에 나와 같이 근무하며 비상 대책 교수회 쪽에서 수련의 대화 통로로 활동하던 J 교수가 어느 날 밤 갑자기 세상을 떠나 버렸다. 한 친구는 환자들이 몰려드는 진료실에서 가슴 따뜻한 의사로서 자신의 소임을 다했고, 다른 한 친구는 수련의나 환자 모두에게 의료 파업으로 인한 피해가 최소화되도록 밤낮없이 가교 역할을 하다가 파업이 끝나고 환자들이 미뤄졌던 진료를 받기 위해 북적이던 어느 날 떠나 버렸다.

 나는 Y 군의 죽음을 안타까워하며 이 글을 쓰다가 자신이 의사이면서 의술과 약 하나 써 보지 못하고 떠나 버린 두 친구가 그리워졌다. 정말로 착하게 살려고 노력하고 이 사회에서 신선하고 아름다운 향기를 퍼뜨리던 사람들이 일찍 세상을 떠나는 경우를 접하면서 나는 인생은 정말로 풀 수 없는 수수께끼라고 생각했다.

교수인가, 의사인가?

 고등학교 진학 담당 선생님은 어느 날 수업을 진행하다가 지루함을 달래려고 화제를 돌려 장래 희망에 관하여 질문을 던졌다. 여러 가지 직업에 대한 희망을 들은 후 선생님은 "여러분, 이 세상에 고통받는 환자들을 치료하는 의사는 대단히 귀한 직업입니다. 청년들의 꿈을 키워 주며 학문을 갈고 닦는 교수도 좋은 직업입니다. 그리고 의사이자 교수이면 금상첨화입니다."라고 했다.
 진학 담당 선생님이 설레는 학생들에게 들려준 이 말은 오래도록 기억에 남았다. 그러나 그때 이후로 의사인 교수가 되겠다는 꿈을 마음속에 그려 오진 않았다. 아픈 사람을 치료하고 위로하는 그냥 평범한 의사가 되려고 했다. 의학을 공부하면서부터는 인문학 교수가 되는 것이 더 좋겠다라고 생각했다. 인문학 교수로서 연구실에서 각종 서적을 뒤적이며 생각하고 얻은 지식을 학생들에게 전하여 확대 재생산하는 것이 의미 있다고 여겨졌다. 철학자나 역사학자이면서 글을 쓰는 것이 좋아 보였고, 글을 많이 쓴 철학자나 역사학자 또는 문학가이자 교수인 사람들의 글을 접할 때마다 참 멋있다고 생각했다.

의과대학 교수는 교수라고 하기에 어딘가 걸맞지 않고 나 자신도 교수라고 불리는 것이 아직까지 어색하다. 다른 대학 교수는 두세 달이나 되는 긴 여름 및 겨울 방학 휴가를 가질 수 있다. 이 기간에는 여행을 떠나거나 외국을 방문하여 평소에 관심 있었던 학문의 고향과 역사의 현장을 답사할 수 있는 즐거움이 있을 것이다. 의과대학 교수는 대부분 방학이 없다. 기초 의학 교수는 방학 동안 실험에 열중해야 하고, 임상 의사는 방학 중에도 대개 진료나 학술 대회 혹은 논문과 관련된 연구에 시간을 바쳐야 한다. 외과학 교수는 더욱 그렇다. 방학이라 할지라도, 하루 종일 걸리는 수술을 마치고 저녁에 병실 환자들을 둘러보고 나서 늦은 저녁에야 연구실로 돌아오는 생활이 반복된다. 방학이 되어도 미리 계획하여 휴가를 내지 않으면 여유를 가질 수가 없다.

최근에는 의과대학 졸업생들이 힘들고 보상받지 못하는 힘든 외과 의사의 길을 더욱 외면하고 있다. 의약 분업 강행에 맞선 의사들의 파업에 연일 비상 대책 회의가 열리고 교수들 간에도 의견이 갈리는 경우가 많았다. 학생과 수련의가 자리를 비운 병원을 지키는 교수들이 어떻게 행동해야 하는지의 문제로 열띤 토론을 벌였다. 학생과 수련의가 거리로 뛰쳐나간 마당에 교수가 그들의 행동에 지원 사격은 하지 않고 인술을 베푼다고 병원을 지키는 것은 합당하지 않다고 주장하는 교수들도 있었다.

의사가 우선이냐 교수가 우선이냐를 묻는 교수에게, 즉 환자를 지켜야 하느냐 학생들을 보호해야 하느냐는 질문에 나는 이렇게 대답했다. "둘 중에서 선택하라면 저는 교수이기 전에 의사를 선택할 겁니다." 학생들은 우리가 관리하지 않더라도 스스로 어떤 길이든 헤쳐 나갈 수 있다. 하지만 환자는 의사의 도움이 없어서는 안 되기 때문에 최소한이라도 돌봐야 한다. 더구나 수술을 하지 않으면 생명이 위급할 외과 환자는 더욱 그러하다. 파업 기간에도 응급실로 오는 담석증 환자들을 수련의 대신 간단한 로봇을 이용하여 복강경으로 수술을 계속했다. 외과 의사는 언론에서도 '힘한 육체노동자'로 서슴없이 언급된다. 힘한 육체노동자이면서 교수라는 이름이 덧씌워진 외과 의사는 교수이기 전에 의사임이 더 값지다는 것을 되새겨본다.

외과 의사의 학회 나들이

　의사로서 학술 대회에 참가하는 것은 두 가지 측면에서 의미가 있다. 첫 번째는 자신의 연구 결과를 발표하고 다른 사람들로부터 배우는 일이다. 자신이 열정을 바쳐 환자를 진료하고 수술하면서 연구한 내용을 정리, 요약, 분석하고 발표하여 같은 분야의 전문가들에게 공개함으로써 비판이나 격려를 받아 확신을 다지거나 필요한 부분을 수정할 수 있다. 또한 다른 사람들, 특히 세계적인 대가들이 하는 일들을 엿봄으로써 자신의 일터에서 어떻게 진료 수준을 한 단계 높여갈 것인가를 가늠해 보는 데 의미가 있다. 두 번째는 학술 대회 그 자체보다는 환자 진료와 수술이라는 격무에서 탈출하여 단 며칠간이라도 휴식을 취하는 데 의미가 있다.

도쿄에서 열린 제5차 세계 간·담·췌장 외과 학회는 후자보다 전자에 무게가 실린 행사였다. 도쿄라는 도시에서 오는 분위기가 이미 그렇다. 근처에 쉴 만한 리조트도 없었다. 세계에서 가장 번잡한 비즈니스 도시의 한복판인 신주쿠에 위치한 게이오플라자는 대표적인 학회 장소였다. 나의 발표는 첫날 오전에 예정되어 있었다. 발표를 준비할 시간적 여유가 없어서 떠나기 전날에 원고를 마무리하여 한번 연습해 본 것이 고작이었다. 도쿄에 도착한 날 저녁에 단어들을 수정하고 몇 차례 읽어 발표 연습을 했기 때문에 발표에는 큰 어려움이 없었다.

학회 스케줄 자체가 너무 빡빡하게 짜여져 동시에 7곳에서 발표가 이루어지니 어느 발표장에 참가해야 할지도 혼란스러웠다. 아침 7시에 빵 한 조각의 간단한 아침식사 세미나로 시작하여 8시 30분부터 각 토픽에 대한 심포지엄, 그리고 이와 병행한 개인 연구 발표가 있었다. 점심시간에는 빵을 곁들인 점심식사 세미나에 이어서 오후 6시 30분까지 비디오 심포지엄과 각종 패널 토론이 있었다. 6시 30분부터 밤 9시까지는 저녁식사로 역시 빵이 나오는 위성 심포지엄으로 하루를 마무리했다.

그런 일정으로 첫날부터 거의 빈틈없이 무게 있는 주제들을 익혀 갔다. 그렇지만 이 스케줄에 일일이 참가하면서 따라가다가는 코피가 터질 지경이었다. 대회 기간 내내 아침부터 점심, 저녁까지 일관되게 샌드위치 두 조각과 과일 하나, 그리고 주스 한 잔으로 떼우는 식사는 신물이 났다. 그래서 아침식사는 된장 국물이 나오는 호텔 식사로 내장을 달래야 하루를 거뜬히 버틸 수 있었다.

이번 학회 참가자들의 면면을 보면 일본에서는 말할 것도 없고 미국과 유럽에서도 간·담·췌장 수술과 학문적 명성을 자랑하는 외과 의사들이었으며, 그들의 발표와 비판적 질문에 귀 기울이는 것은 더 없는 즐거움이었다. 전체 5일 중 3일간은 학회 스케줄에 정신없이 빠져 들어갔다. 뒷부분에 가서는 흥미가 덜 가는 주제에다 지치기도 하여 좀 느슨해졌다. 마지막날 오전에는 그동안 발표된 것들을 정리하는 시간이 주목을 받았다. 한국에서도 80~90명 가량 참가하고 발표도 많이 해서 집행부의 관심을 끌었다.

그러나 몇 년 만에 다시 보는 낯익은 일본 의사들의 모습에서 육체적으로 많이 쇠한 느낌을 받았다. 사실 간 이식과 어려운 간·담·췌장 수술에서 세계적으로 주목받는 결과를 얻기까지 바친 육체적, 정신적 노력을 일반인은 상상하기 힘들 것이다.

간 이식 환자 400명의 결과를 발표하는 의사의 이면에는 수많은 밤을 지새우면서 수술과 환자 치료에 바친 시간과 눈물이 있었을 것이다. 가족이나 친구 그리고 이웃과의 개인적인 약속은 숱하게 취소되거나 뒤로 밀렸을 것이다. 우리 대학의 어느 교수는 의학을 '걱정과 고민의 학문'이라고 자주 얘기한다. 그중에서도 간 이식과 간문부 담도암 수술 같은 것은 자다가도 벌떡 깨서 수술 장면이 눈앞에 어른거려 행여 잘못한 점이 없는지 떠올려 보기도 한다. 그래서 간 이식 수술은 살아 있는 예술의 극치라고 의학 교과서에서도 언급을 하지만, 그만큼 걱정과 고민이 많이 동반된다.

그런 고생 탓인가. 몇 년 사이에 얼굴이 많이 상한 다른 사람의 모습을 보면 나도 저렇게 변해 가는 것은 아닌지 의구심이 들어 화장실 거울에 비친 내 얼굴에 고개를 갸우뚱거리기도 한다. 일반인도 몇 년 만에 다시 보면 나이듦을 확실히 느끼는데, 외과 중에서도 특히 간·담·췌장 외과 의사는 더욱 측은하게 여겨진다. 몸 바쳐 타인의 생명을 연장하려는 지속적인 노력과 고민에 빠진 외과 의사는 무슨 마력에 이끌리는 것일까?

나는 이번 학회를 오가는 비행기와 버스 안에서 『완당 평전』을 손에서 뗄 수가 없었다. 추사가 연경에서 옹방강을 비롯한 중국의 대학자 및 문인과 교류하고 이별하는 장면을 읽어 내는 유홍준 교수의 탁월한 한문 해설에 빠지기도 했다. 추사가 중국 문인들의 서첩과 탁본을 몇 수레나 실어 온 것에 비할 수는 없지만, 나는 이번 학회에서 내로라하는 학자들의 발표를 보면서 인터넷 검색을 통하여 의학 지식을 넓혀 갈 수 있다는 생각을 하게 되었다.

나는 2년 전 1년간의 미국 연수 기간에 직·간접적으로 만나 배우고 느꼈던 미국 의사들을 이번에 다시 만날 수 있었다. 추사가 높은 학문과 인격으로 옹방강과 주변의 학자들과 깊은 교분을 나눈 후 이별할 때 그림을 곁들인 절절한 이별시를 나누었듯이, 만약 내가 추사와 같은 인격과 학문적 역량을 갖추었다면 서양 학자들과 깊은 교류를 할 수 있었을 국제 학회였다. 우리나라 일행은 마지막 날 후지 산을 비껴 하코네를 지나 아타미라는 산속의 온천 휴양지에서 지친 몸을 녹이고 귀국길에 올랐다.

수술실은 나의 안식처

　정치판에서 온갖 부정과 욕설과 속임수가 난무하고, 지방 선거에서도 상호 비방과 흑색 선전이 판치는 것을 본다. 어찌 보면 세상사에서 위안을 받을 데라곤 어디에도 없다. 차라리 월드컵 경기에서 볼 수 있는 묘기와 함성, 환희와 감격이 더 위안이 된다. 나에게는 나만의 위안받을 처소이자 안식처가 있다. 바로 환자들을 치료하는 수술실이다.
　외래 진료실을 찾는 환자들 중에는 단지 고통을 호소하는 환자도 있고 암으로 생사의 기로에서 지푸라기라도 붙잡고 싶어 하는 환자도 있다. 나는 이들을 좀 더 경건한 마음으로 대해야 한다고 날마다 다짐한다. 환자를 대하면서 적절한 수술과 처치를 하고 가까이 다가가 손 한번 잡아주는 것이 어쩌면 나의 성직인지 모른다. 진료실에서 나눈 대화가 행여 마음에 상처를 주지는 않았는지 자주 되새겨 보기도 한다.

외래 진료실이나 연구실에 있을 때에는 여러 사람들이 드나들거나 전화가 자주 걸려 오거나 또는 마감이 임박한 각종 서류를 작성하느라 정신이 없다. 일반인들은 수술실이 힘들거라고 생각하지만, 수술실은 나를 번잡한 생각과 일로부터 해방시켜 준다. 수술할 환자의 영상 진단 사진을 펼쳐 놓고 수술 방법을 생각하며 수술 자체에만 몰두할 수 있는 안식처이다.

시간적인 차이는 있지만 사람은 어차피 이 세상을 떠나게 되어 있다. "죽음이 가장 큰 선물"이라고 쓴 헨리 나웬의 글을 읽으면서 삶을 잘 마무리하는 것이 중요하다고 생각해 왔다. 최근에는 죽음을 앞둔 신학자 부자간의 대화 기록인 『빛, 색깔, 공기』를 보면서 삶을 수채화처럼 잘 마무리하는 것이 참으로 중요함을 새삼 느꼈다. 외과 의사인 나에게는 외래 진료실을 찾은 환자를 수술대에서 마취과 의사의 마취를 거친 후 3명의 수술 조수와 더불어 수술하는 그 순간이야말로 가장 행복한 구원의 시간이다.

간암 진단을 받고 절망하여 밤잠을 이루지 못하던 환자도 마취가 되면 외과 의사의 의술과 손끝에 온몸을 내맡긴다. 나는 행여나 수술 자체가 잘못 될까, 절제가 충분하지 않아 재발하여 더 살 수 있는 삶을 단축시키지는 않을까 걱정하면서 등줄기에 땀을 주룩주룩 흘리며 수술하기도 한다. 수술에 몰두하다 보면 서너 시간은 순식간에 지나가 버린다.

만반의 수술 준비를 끝내고도 집도의가 감기나 몸살을 앓는 경우도 있다. 하지만 그렇더라도 수술하는 몇 시간 동안은 몸에서 나는 열을 느낄 여유가 없다. 마스크를 껴서 가습이 잘된 덕인지 수술을 마치고 나면 감기 기운이 누그러진다. 의도한 대로 수술이 잘되면 천하를 얻은 것보다 기쁘다. 엔도르핀이 몸속에서 샘솟는 것을 느낀다. 행여 상황이 절망적이면 가슴을 두드리는 탄식이 가족만큼은 아닐지라도, 경기의 패배자처럼 고개를 떨어뜨리며 아픈 가슴을 쓸어내린다. 외과 의사는 중대한 수술 후에 퇴원하는 환자를 바라보면서 큰 기쁨을 느끼지만, 때때로 쓰디 쓴 패배감도 함께 맛 보며 살아 가야 할 운명이다.

기호난하(騎虎難下)

"일단 호랑이 등에 올라탔으면 호랑이를 쓰러 뜨려야 내가 살 수 있다." 외과 의사에게도 이런 비유가 적절할 때가 있다.

땅딸막한 체형에 젊은 시절 유도 선수였던 젊은 남자를 만났다. 커다란 간 종양이 자랄 대로 자라다가 터져 복강 안에 출혈을 일으켜 응급실을 통하여 입원하였다. 출혈이 멎어 종양 절제 수술일을 기다리고 있었다. 수술을 하기엔 체중이 너무 많이 나가고 수술 스케줄도 복잡했다. 그래서 퇴원을 시켜 약 열흘간 체중을 줄인 후 수술을 하게 되었다.

간 종양이 터졌던 자리는 아물어 오른쪽 횡격막과 붙어 있었다. 종양을 들어내기 위해서는 우선 횡격막과 붙어 있는 간을 떼어 내야 했다. 그래서 조심조심 떼어 나가기 시작했다. 그런데 횡격막과 간을 분리하자 떼어 낸 횡격막과 간 표면에서 피가 쏟아지기 시작했다. 보통은 출혈 부위를 전기로 지지거나 결찰 봉합하면 피를 멎게 할 수 있으나 그 종양에서 흘러나오는 출혈은 봉합할 수 없을 정도였다.

횡격막 쪽의 출혈 부위는 좁은 공간으로는 접근이 불가능하였다. 수술에서 절제가 불가능하거나 절제해 봤자 생명에 영향을 미치지 못할 것으로 판단되면 절제를 포기하기도 한다. 용기 있는 후퇴가 때로는 더 나은 선택임을 나중에 후회하면서 돌아보게 된다. 이 수술의 경우도 종양 절제를 중단하고 싶었지만 출혈 부위를 해결할 방법이 없었다.

호랑이를 잡으려고 호랑이굴 앞에 어른거리다가 달려드는 호랑이 등에 탄 격이었다. 호랑이를 잡지 않고는 계곡에서 집으로 돌아갈 수 없는 신세가 되었다. 간 종양을 떼어 내지 않고는 이 환자를 살릴 수가 없다. 오른쪽 갈비뼈와 횡격막을 절개하여 시야를 확보하는 것이 우선이었다. 호랑이 등에선 손에 들거나 호주머니에 지닌 무기 외에 호랑이를 잡을 도구가 없겠지만, 수술실에는 그래도 수술 조수 3명과 연구 강사 김 선생에 수술 기구들을 챙겨 주는 간호사 2명까지 있었다.

외로운 결정을 해야 할 때엔 김 선생이나 수련의에게 질문을 던져 보기도 한다. 내 결정을 밀고 가는 데 원군을 얻고 싶은 것이다. 가끔은 집도의가 수술에 심취하거나 자기도취로 정작 중요한 것을 놓칠 수 있기 때문에 조수의 조언이 결정적으로 중요할 때도 있다. 그러나 이 경우에는 다른 방도가 없었다.

우선 기구들을 이용하여 가슴을 열고 갈비뼈를 견인하니 시야가 한층 더 넓어져서 출혈 부위로의 접근이 용이해지고 종양을 들어낼 준비가 그래도 조금씩 되어 갔다. 출혈 부위는 압박 외에 해결할 방법이 없었다. 두껍게 겹친 거즈로 조수에게 출혈 부위를 압박하게 하고 종양 절제에 들어갔다.

이제 종양 부위를 포함한 간 우엽을, 평소와는 달리 간의 뒷면을 박리하지 않고 앞쪽에서 바로 잘라 들어갔다. 그런데 간을 자르는데 있어서, 간경화증이 있으면 CUSA(간 절제 수술용 기기)라는 장비 없이 때로는 겸자로 잘 자를 수 있는데, 섬유화가 많이 진행된 탓인지 도무지 잘리지 않았다. 나는 출혈을 줄이기 위해 혼신의 노력을 하느라 CUSA가 순비되어 있다는 사실도 몰랐다. CUSA를 사용해도 잘 잘리지 않았지만 없는 것보다는 훨씬 좋았다.

벌써 수혈을 6팩이나 할 정도로 출혈이 많았으나 출혈 부위를 강하게 압박하여 더 이상의 출혈은 없었고 찬찬히 간 절제가 진행되었다. 간헐적으로 간 내로 유입되는 혈관을 차단하는 수술 기법도 사용해 가며 마침내 종양을 포함한 우엽을 절제했다. 종양이 유착되어 있던 횡격막과 간 절제 면에서 흐르는 출혈도 멎었다. 수술을 마무리하고 절개했던 복부와 가슴을 봉합하고 나니 오후 6시가 지났다. 그때까지 나는 아침식사라도 했지만 조수인 수련의들은 아침과 점심식사를 모두 거르고 화장실에도 한번 다녀오지 못했다.

■

나를 등에 태웠던 호랑이를 보기 좋게 쓰러뜨렸다. 이 수술을 옆에서 지켜보던 중국 동포 연수생인 윤 선생이 한마디를 던졌다.
"이럴 때 하는 중국말이 있습니다. 기호난하(騎虎難下)."
환자를 중환자실에 옮겨 각종 모니터를 설치하고 필요한 조치를 취한 후 윤 선생과 함께 갈빗집에서 허기진 배를 달래며 '기호난하(騎虎難下)'에 대한 뒤풀이를 했다. 온몸에 배인 스트레스 호르몬을 씻으며 안도의 한숨을 쉬었다. 고된 등산을 마치고 하산하여 기쁨을 나누는 산악인들과 같은 기분으로.

중환자는 누가 치료하나?

입시철이면 어김없이 의·약·한의학 계열에 지원자가 몰린다. 경제가 어려우므로 다른 분야에 비하여 취직이 상대적으로 쉽고 안정적이기 때문이다. 지원자들 중에는 의사 본연의 인술(仁術)을 베푸는 의사를 꿈꾸는 순수한 학생들도 많으리라 생각된다. 최근 몇 년간 의과대학을 졸업한 후 전문의 수련을 위한 과 선택에 있어 선호하는 과와 기피하는 과가 두드러지게 양분되고 있다. 이것은 사회 전반에 만연해 있는 현상으로서 힘든 일을 기피하고 쉽게 살려는 것이다.

선호하는 과는 성형외과, 안과, 이비인후과, 피부과 등이며, 기피하는 과는 흉부외과, 신경외과, 일반외과, 응급의학과, 해부

병리과, 임상병리과, 방사선과, 핵의학과 등이다. 선호하는 과는 간단한 시술이나 처방을 요하는 환자가 대부분이고 여유로워서 수련의들로부터 각광받는다. 기피하는 과는 인간의 생명 유지에 필수적인 장기에 발생한 중증 질환이나 손상으로 생사의 기로에 선 환자들을 밤낮 돌봐야 하는 대학 병원 같은 3차 의료 기관에서 중추적인 역할을 한다.

현재의 의료보험 제도에서는 가벼운 질환을 많이 진료하는 의사들이 유리하게 되어 있다. 반면 어려운 질환을 고치거나, 밤을 새는 노력과 정력을 바쳐 중환자의 생명을 다루는 의사는 상대적으로 불리하다. 이것은 현행 의료보험 제도가 가진 모순이며 점점 이러한 구도로 유도되고 굳어져 왔다.

개원가에서 인기 있는 과에 들어가기 위하여 우수한 학생들이 치열한 경쟁을 벌이며 재수 혹은 3수까지 불사한다. 반면 대학병원에서 중추적인 역할을 하는 비(非)인기 과에서는 미달 사태로 인해 몇 년째 수련의도 확보하지 못하여 심각한 왜곡 현상에 직면해 있다. 중환자를 돌보는 과와 중환자의 진단과 치료를 지원하는 과의 인력 인프라가 무너질 위기에 처해 있다.

실리가 중심인 현실에서는 의과대학 입학 당시에 가졌던 인술에 대한 순수한 생각을 유지하도록 강요할 수 없으며, 의료보험 제도가 합리적으로 개선되지 않으면 왜곡 현상을 바로잡을 수가 없다고 생각된다. 환자의 생사를 다루는 일은 공백이 올 위기에 처해 있고 가벼운 질환을 다루는 일에는 우수 인력이 편중되고 있다. 인력 양성은 단기간에 이루어지지 않는다. 지금까지는 중병에 걸린 일부 고위 정치인이나 재벌만이 외국에 치료받으러 나갔지만, 중환자 진료의 인적 인프라가 무너지고 있는 상황을 고려한다면 앞으로 더욱 많은 사람들이 외국으로 발길을 돌릴 것이라 여겨진다.

의약 분업 문제에 가려 심각성이 인식되지 못한 전문의 선호과 왜곡 현상도 결국 비합리적인 의료보험 제도 때문이다. 보건 정책 전문가들은 의약 분업으로 인한 재정 지출 감소를 위하여 의사들의 자존심을 무시한 장치들을 이중, 삼중으로 만드는 데 애쓰지 말고 전문의 선호과 왜곡 현상의 심각성에 관해서도 인식을 바로 하고 정책적 대안을 수립해야 한다. 우수한 의사들이 국민의 건강 유지에 필수적인 일을 수행하고 우대받을 수 있는 제도 속에서 의료보험 재정을 합리적으로 지출할 수 있는 정책을 마련해야 한다.

의료보험 제도의 의미는 어느 날 갑자기 감당할 수 없을 만큼 큰 화를 당할 것에 대비하여 부담이 되지 않을 정도의 금액을 미리 쌓아 가는 데 있다. 그런 면에서 미국의 의료보험 제도처럼 일정액 이하의 적은 진료비는 환자 본인이 부담하고, 많은 의료비는 보험금으로 지급하는 제도를 고려해 봄 직하다. 그렇게 함으로써 가벼운 질환을 치료하는 데 소모하는 보험 재정의 지출을 줄이고, 적지 않은 의료보험료를 매달 꼬박꼬박 내고도 정작 큰 수술을 받을 경우에는 수백만 원에서 수천만 원까지 본인 부담금을 내야 하는 불합리함과 전문의 선호과 왜곡 현상을 동시에 개선해 나갈 수 있지 않을까 생각해 본다.

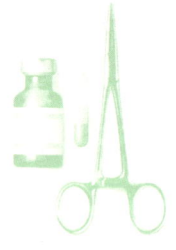

에필로그

- 무의촌의 의사

어제 방사선과 김 교수의 영결식이 잔디밭 정원에서 있었다. 거의 2년간 의식을 잃고 쓰러져 있다가 끝내 영면한 것이다. 수년간 그와 긴밀하게 환자 진료를 협의하면서 지내 왔던 터라, 그가 환자들이나 제자들에게 가졌던 애정과 열정을 잘 알기에 더욱 안타까웠다. 부인과 두 딸 그리고 아직 고등학생인 막내아들을 보면서 흐르는 눈물을 막을 수가 없었다. 그는 환자 진료를 위해서라면 개인적인 약속은 언제든지 뒤로 미뤘고, 반드시 필요한 검사는 한밤중이든 휴일이든 마다하지 않았다. 또한 경제적으로 여유가 없는 환자가 비용이 많이 드는 추가 검사를 해야 할 경우에는 여타의 방식으로 처리하여 환자의 부담을 자신의 부담으로 여기기도 했다.

2년 전에 그는 며칠간 심한 두통을 앓았다. 하지만 이곳저곳에 초청 강사로 불려 다니면서 진통제로 통증을 견뎌야 했다. CT나 MRI를 직접 판독해 내는 의사였지만 자신의 아픈 증세에 대해서는 진찰받을 여유가 없었다. 그는 다른 지방의 강의를 마치고 다음날 아침에 두통 검사를 해 봐야지 하면서 퇴근 시간이 지나 일찍 휴식을 취하려 집에 들어갔다가 저녁에 119 구급차에 실려 응급실로 들어왔다. 뇌에 심한 출혈이 있었다. 수술을 했으나 의식을 회복하지 못하고 2년 가까이 투병하다가 운명을 달리했다. 이것은 김 교수뿐만이 아니다. 의사는 병원이 일터이면서 정작 자기 몸에 대해서는 일반인보다 더 검사하기가 어렵다. 정말 아이러니컬한 일이 아닐 수 없다. 다른 사람의 건강을 돌보기 위해 자기 몸을 바치면서 자신이나 가족의 건강에 대해서는 소홀한 경우가 많다.

내과 개업의인 이 박사는 월요일부터 토요일까지 진료를 하다 보니 진료가 끝나면 다른 병원도 모두 문을 닫기 때문에 몇 개월 간 속이 불편한데도 내시경 검사를 해 볼 수가 없었다. 최근에는 두세 사람이 공동 개원하여 주말이나 야간에도 진료를 하는 병원이 생겨나서 어느 일요일에 위 내시경 검사를 받을 수 있었다. 위암 3기였다. CT 촬영을 해 보니 췌장 부위에 암 침윤이 있는 듯하여 수술 불가능에 가까웠다. 하지만 다행히 위 전체를 모두

들어내는 위 전절제술을 성공적으로 마친 후 임파선 전이 때문에 해 왔던 독한 항암 치료도 끝내고 요양 중에 있다.

지난해에는 대학에서 처음으로 전 교수들을 대상으로 무료 건강 검진을 시행했다. 보통의 신체 검사 수준이 아니라 내시경 검사, 초음파 검사를 포함한 정밀 건강 검진이었다. 연장자순으로 거의 1년에 걸쳐 진행되었는데 어느 과에선 열두 명의 교수 중 세 명이 각종 암으로 진단되어 모두 수술을 받았다. 다행히 모두 조기 암이었다. 나는 최근까지도 건강 검진 센터에서 시행하는 신체 검사에 대해 별로 가치를 부여하지 않았다. 가까운 사람이 건강 검진에 대해 문의를 해 오면 공중에 날아갈지도 모르는 새들을 잡기 위하여 산탄(散彈)을 쏠 것이냐, 그렇지 않으면 날아가는 새를 보고 조준 사격을 할 것이냐는 질문으로 답을 대신하곤 했다.

그러나 시간이 갈수록 환자 진료와 수술에 대한 경험이 늘면서 점차 1년에 한 번씩 하는 건강 검진에 대해 더 많은 가치를 부여하게 되었다. 간암이나 남낭임의 경우, 종양 표지자 검사나 초음파 검사를 하지 않으면 조기 암을 진단할 수 없는 경우를 자주 보았다. 담낭암의 경우에는 증상이 없더라도 조기에 진단하면 개복하지 않고 복강경 수술로 담낭을 떼어 내도 다시 재발하지 않는 완치 수술이 가능하다. 간염을 앓는 사람은 최소한 6개월에 한 번쯤 초음파 검사와 태아 단백 검사를 해야 간암 조기 진단이

가능하다.

　하루하루의 생활 속에서 내 자신의 증세에 대해 다른 의사에게 진단받고 검사한다는 것이 여간 어려운 일이 아니다. 아이들이 감기 증세가 있다고 하면 동네 소아과 의원에 가 보라고 얘기할 뿐이다. 아내가 오랫동안 허리가 아프다고 호소를 해도 약 한번 사다준 기억이 없다. 척추 전문 개인 병원에 가서 진찰받아 보라고 하거나 샘플로 받아둔 부착용 진통제와 알약 몇 개를 가져다 준 것이 고작이었다.

　한국의 의사들만큼 휴가가 없고 일만 하는 의사가 또 있을까? 미국에서는 종합 병원에서 일하는 의사는 말할 것도 없고 개인 의원의 의사도 수시로 휴가를 가고 틈틈이 쉬는 것을 볼 수 있었다. 성탄절 연휴에는 필수 의사만 남고 거의 전부가 2주 이상씩 휴가를 떠났다. 우리나라 병원에서도 일반 직원들만 월차다 하여 1년에 수십 일씩 공식적인 휴가를 쓴다. 휴가를 가지 않으면 병원에서 수당을 더 지불해야 하기 때문에 강제로 휴가를 보낸다.

　우리나라에서 여름 및 겨울 방학은 학생들에게만 해당하고 임상 교수들은 대개 진료가 많아져 더 바빠진다. 임상 교수들의 경우 공식적으로 1년에 휴가가 며칠이라고 명시된 규정이 없다. 또 휴가를 많이 쓴다고 제재한다는 얘기도 들어본 적이 없다. 휴가는 각자 알아서 가는 것이다. 그런데 실제로 대부분의 임상 교수들은 여름에 3~5일간의 휴가가 고작이고 가정 내에 특별한 일이 있으면 하루나 이틀을 쉴 뿐이다. 휴가 가지 말라는 사람은 아무도 없지만 휴가를 떠날 수 없는 환경 속에 살아가고 있다. 그렇다고 휴가가 없다고 불평을 가져본 적도 없다. 진료와 수술을 기다리는 사람들에 대한 배려라는 생각을 할 겨를이 없이, 진료와 각종 학회와 강의 준비 등이 꼬리에 꼬리를 물고 이어지기 때문이다.

수술을 포함한 진료 행위는 그 자체가 일이지만 단순한 일 이상의 의미를 가지고 있다. 외래 진료실에서 아픈 사람과 대화를 나누고 그를 진찰하고 검사하여 치료 계획을 세우는 데는 환자에게 기쁨을 준다는 단순한 보람과 만족만 있는 것이 아니다. 특히 수술을 하고 나면, 힘든 등산 후에 느끼는 것과 같은 육체노동 이상의 즐거움이 있다. 진료 행위 자체에서 얻는 기쁨이 휴가에서 얻는 기쁨을 능가하여 그것을 생각할 겨를조차 없다고 하는 편이 더 사실에 가까울지도 모른다.

자기 몸에 대해서는 가족을 포함한 동료 의사들도 스스로 알아서 잘 하겠거니 하는 것이 보통이나. 그렇기 때문에 자신도 모르게 찾아든 질병에 속수무책으로 던져지는 현실에 대해 관심을 가져야 할 사람은 오직 의사 자신뿐이다. 우리나라에 산간벽지 구석구석까지 공중 보건 의사가 배치되어 이젠 더 이상 무의촌이 없다고 생각한다. 하지만 의사와 그의 가족은 가장 오지의 무의촌에 살고 있는지 모른다.

지은이 **강구정**

경상북도 의성에서 태어나 경북대학교 의과대학을 졸업하고 계명대학교 동산병원에서 외과 전공의 과정을 수료했다. 육군 군의관으로 복무한 후 부산 성분도병원 외과에서 근무했으며, 1994년에 계명대학교 동산병원 외과 조교수가 되었다. 일본 교토 대학 병원에서 외과 단기 연수를 거쳐, 미국 듀크 대학 병원 간·담·췌장 및 간 이식 외과 및 메이요 클리닉에서 연수 및 교환 교수를 지냈다. 한국간담췌외과학회 회장을 역임하였고 현재 대한민국의학한림원 정회원으로 활동 중이며 계명대학교 동산병원 외과학 교실(간담췌장외과) 교수로 재직 중이다. 지은 책으로 『나는 외과 의사다』, 『수술, 마지막 선택』이 있고, 옮긴 책으로 『메이요 평전』이 있다. 이메일 주소는 kjkang415@gmail.com이다.

나는 외과 의사다

1판 1쇄 펴냄 | 2003년 8월 5일
1판 13쇄 펴냄 | 2023년 3월 31일

지은이 | 강구정
펴낸이 | 박상준
펴낸곳 | (주)사이언스북스

출판등록 1997. 3. 24. (제16-1444호)
(06027) 서울특별시 강남구 도산대로1길 62
대표전화 515-2000 | 팩시밀리 515-2007
편집부 517-4263 | 팩시밀리 514-2329
www.sciencebooks.co.kr

ⓒ 강구정, 2003. Printed in Seoul, Korea.

ISBN 978-89-8371-138-0 03510